DU SECOND
THÉATRE FRANÇAIS.

DU SECOND
THEATRE FRANÇAIS,

ou

INSTRUCTION

RELATIVE

A LA DÉCLAMATION DRAMATIQUE.

Par Népomucène L. LEMERCIER,

MEMBRE DE L'INSTITUT, (ACADÉMIE FRANÇAISE.)

A PARIS,

CHEZ NEPVEU, Libraire, passage des Panoramas.

—

1818.

AVERTISSEMENT.

———

Le Kain, parmi les projets de régle-
mens qu'il proposa, demandoit que
l'on fît de mois en mois, au comité des
comédiens, quelques lectures de Mémoires instructifs sur l'art dramatique,
sur les vices généraux des représentations théâtrales, sur le goût des vête-
mens et des décorations.

« Plaire et instruire, dit-il, tel seroit
» le but de cette institution. L'âme est
» la première partie du comédien; l'in-
» telligence, la seconde; la vérité et la
» chaleur du débit la troisième; la
» grâce et le dessin du corps la qua-
» trième. Bien savoir ses rôles, étudier
» la prosodie, ne perdre jamais de vue
» la nature simple, noble et touchante;
» penser que l'intelligence ne s'acquiert
» que par de mûres réflexions, et le
» talent par un travail opiniâtre; mon-
» trer toujours le personnage; em-

» ployer le pittoresque avec ménage-
» ment ; être aussi vrai dans la diction
» du détail que dans les grands mouve-
» mens de la passion ; voir son art en
» grand ; ne pas rendre ses réticences
» trop fréquentes ; montrer toujours
» la noblesse, même au travers de la
» légèreté ; éviter de trop saccader la
» diction ; ne pas pleurer ce qui n'est
» que l'effet d'une âme saisie et con-
» centrée par la douleur ; porter une
» attention continue à la scène, et
» s'identifier avec son personnage ;
» tels sont en partie les articles qui
» pourroient être traités dans ces
» Mémoires.

» Chacun y déposeroit le fruit de
» ses réflexions, et tous, par un zèle
» aussi louable qu'utile, concourroient
» aussi à la perfection de l'art et au
» bien de la société. »

DU SECOND
THÉATRE FRANÇAIS,

ou

INSTRUCTION

RELATIVE

A LA DÉCLAMATION DRAMATIQUE,

Aux yeux de tout observateur, l'activité d'esprit est une des qualités les plus remarquables du peuple français, dans la bonne et dans la mauvaise fortune : véritable émule de celui d'Athènes, il en a l'infatigable industrie ; il sait comme lui traiter également, au milieu des triomphes et des revers, les intérêts de ses affaires et ceux de ses plaisirs : très-différent en cela du peuple romain, qui fut exclusivement possédé par une féroce passion, celle de vaincre et de dominer par la force ; qui abandonnoit dédaigneusement aux esclaves et aux affranchis la culture de la poésie et des beaux-arts, et qui, tombé lui-même sous l'esclavage le plus abject, abjurant les droits de sa liberté avec son orgueil, n'éprouva plus qu'un besoin qu'il exprimoit par ce cri honteux : *du pain et des spectacles !* Mais le génie des Athéniens sut constamment aspirer à tout ce qu'il y a de noble et de beau ; le pouvoir des lois, l'indépendance de la patrie, les richesses du commerce, les libres entretiens de l'Académie et du Portique, et toutes les délices des arts et des théâtres. Tel est pareillement le vœu des Français : aussi, point de sciences pratiques ou spéculatives qu'ils aient négligées durant leurs révolutions et leurs guerres, point de branches industrielles qu'ils n'aient cultivées, point d'études dont ils n'aient recherché le perfectionnement, point d'écoles qu'ils n'aient ouvertes aux systèmes, aux essais de démonstration sur la moindre chose utile, même à la dernière classe des artisans.

Par l'effet de cette attention généralement distribuée vers toutes les parties des travaux de l'intelligence, une féconde rivalité a stimulé les hommes laborieux, et les a chacun encouragés à porter le tribut des lumières qui leur sont propres dans la masse des connoissances publiques. Chacun a senti qu'il ne devenoit recommandable qu'en s'efforçant d'ajouter à ce trésor qui s'est grossi de jour en jour avec une étonnante rapidité. Personne n'a rougi du peu que son zèle y apportoit ; personne n'a cru même que le bruit des victoires ou des défaites pouvoit interrompre sa marche. Moi-même, oublierai-je que ce fut à l'époque des succès si tumultueux d'un gouvernement militaire, et dans le double fracas de sa chute, que je poursuivis, à l'Athénée de Paris , mon analyse de la littérature , dont les leçons furent honorées d'un assidu concours d'auditeurs? Il me prouva que les secousses politiques et les chocs des armes n'ébranloient point assez l'âme de nos courageux concitoyens, pour les arracher à l'examen des préceptes du goût , à l'amour élevé de la philosophie et des arts de la paix. Pendant ces orages, on venoit m'entendre exposer une théorie méthodique des secrets de nos *Sophocle* et de notre *Ménandre.* Aujourd'hui que le temps éclairci semble nous promettre la sérénité ; aujourd'hui que l'on s'occupe de mettre à exécution une ordonnance royale en accord avec le siècle qui fonde toutes les sortes de grandeurs et d'avantages sur l'émulation résultante des libres concurrences du mérite et du talent, je ne craindrai pas d'occuper le public d'un objet trop futile, en lui communiquant quelques réflexions sur la bonne déclamation des acteurs , seul appui solide du prestige des compositions dramatiques dont je n'ai développé la méthode que dans ses rapports avec le travail des auteurs. Ces deux choses sont trop dépendantes l'une de l'autre pour être séparées. Mon Cours sur la tragédie et sur la comédie resteroit incomplet sans cette nouvelle instruction à laquelle tiennent les moyens de leur exécution et les ressorts de leurs succès. En effet, la fable, les pensées , l'ordre, le style de tout drame , ne reçoivent d'action que par les organes qui l'animent : les lettres sont mortes pour la scène, sans la parole qui leur prête la vie. Ce seroit donc sans profit pour l'art que vous indiqueriez des règles sûres à l'écrivain, si vous ne lui prépariez les indispensables instrumens du jeu des machines que vous lui apprenez à construire. Qu'ils soient foibles, défectueux ou mauvais, elles se ralentissent, se dérangent ou se brisent.

Je ne présume pas qu'on me reproche de donner une trop sérieuse importance à l'art théâtral, lorsque j'entre en de nouveaux détails nécessaires à ses interprètes dans les deux genres tragique et comique. L'intérêt de *Melpomène* et de *Thalie* n'est pas moins précieux pour nous qu'il ne le parut au docte *Aristote* pour la gloire de la spirituelle Attique. Ce philosophe s'appliqua studieusement à transmettre les lois des deux Muses : non seulement il prit soin d'en marquer les formes, les mouvemens et le langage ; mais sa Poétique, dont une partie s'est perdue, comprenoit, ainsi qu'il l'annonce dans un de ses chapitres, des considérations sur les mimes, sur les masques, sur les costumes, sur le chant, sur la danse, et sur l'appareil des décorations. On eût dit qu'il craignoit de voir à la merci du hasard le génie des successeurs d'*Eschyle*, tant il voulut l'appuyer des secours de son savoir. Il sembla mesurer l'étendue et les particularités de ses analyses à l'influence qu'exerçoient les représentations dramatiques sur les cœurs de la multitude, à la puissance d'une déclamation épurée qui devenoit l'étude des orateurs chargés de défendre la fortune des citoyens et la liberté publique. Il avoit aperçu que le cirque étoit l'instituteur de la tribune; qu'il avoit été la source enflammée des foudres de *Démosthènes* et d'*Eschine*; et que de lui découloit encore l'abondante élocution des harangues du FORUM. La présence des magistrats au PROSCENIUM, leurs édits ordonnateurs de la pompe des spectacles, l'emploi des deniers publics affectés à leur dépense, lui avoient révélé les causes de ce goût passionné des Grecs pour des théâtres dont les jeux se rattachoient à leur religion et à leurs lois. Les enceintes en étoient consacrées aux plus sévères ainsi qu'aux plus gracieuses des divinités de leur culte; comme pour annoncer à tous que la morale et la beauté devoient y régner ensemble, et inspirer le langage que les Muses y parloient.

Nous retrouvons à Rome ce même soin des cirques dramatiques à l'époque de ses premières vertus. L'histoire nous apprend que les patriciens furent jaloux d'offrir leur or aux plébéiens, dans la classe desquels on nommoit d'abord les jeunes édiles qui ne pouvoient plus subvenir aux frais des tragédies et des comédies. L'honneur de payer les représentations, accordé aux sénateurs, date de la fête solennelle de leur récon-

ciliation avec le peuple. *Scipion* venoit se former
dans l'art de bien dire en écoutant les acteurs;
et la place de l'un des *Caton*, marquée au plus
haut banc de l'orchestre, rappelle que le plus
grave censeur les inspectoit. Certes, quand la
sagesse, le goût et l'instruction des chefs des
républiques grecques et romaines présidoient au
jeu des pièces habilement déclamées, les spectateurs pouvoient, sans préjudice, en aimer le
noble plaisir. Cette ardeur naturelle ne ressem-
bloit pas à la fureur de ces spectacles désor-
donnés, dont le poëte Horace reprochoit déjà
l'excès aux chevaliers et aux sénateurs, parta-
geant avec la populace la stupide admiration des
décorations superflues, des combats de chevaux,
des évolutions de chameaux et d'éléphans, intro-
duits sur la scène devant une foule que charmoit
la vue et le fracas des machines :

> ..... *Numero plures, virtute et honore minores,*
> *Indocti, stolidique et depugnare parati.* ....

Il plaint la jeunesse patricienne d'avoir échangé
les jouissances de l'oreille et de l'esprit pour le
vague plaisir des yeux :

> *Verum equitis quoque jam migravit ab aure voluptas,*
> *Omnis ad incertos oculos et gaudia vana.*

Il la plaint d'applaudir et de s'éblouir au faste
étrange des habits d'un personnage sans expres-

sion , plus gêné que paré de son luxe , et réduit à se mouvoir en automate muet :

Dixit adhuc aliquid? Nil sane. Quid placet ergo?
Luna Tarentino violas imitata veneno.

Ces vers satiriques présageoient l'abrutissement des spectateurs , se donnant eux-mêmes en spectacle plus risiblement que leurs mimes. Le tableau présente la plus ridicule image de leur turpitude , si désespérante pour les sages écrivains :

Scriptores autem narrare putaret asello
Fabellam surdo.

Cependant *Horace* n'avoit encore entrevu que la perte du goût, vicié par la turbulence populaire , par l'habitude des émotions violentes et capricieuses qu'inspiroient à Rome la rage des factions luttantes, et les prodigalités des Césars , qui corrompoient l'esprit public en multipliant les jeux à grands frais, et en précipitant le déclin des vertus.

Le mal ne fit qu'empirer à mesure que la décadence fut plus rapide et plus profonde. Naguère, sous la majesté des lois , une des règles délicates de la tragédie commandoit de reculer loin des regards la vue des crimes sanglans , et d'en faire passer l'image, ainsi que celle de la mort, dans les récits qui en modéroient l'horreur : depuis, au contraire, sous les dépravations du Bas-Empire, l'aspect des meurtres fictifs ne satisfaisoit plus la cruauté des tyrans et des suppôts de la servitude. Il fallut leur montrer des égorgemens réels, et les acclamations de la joie couvroient les derniers soupirs du gladiateur, forcé d'étaler ses blessures et d'expirer avec grâce, et mêlant l'odeur de son sang aux parfums dont, en le voyant mourir, s'enivroient les curieuses Poppées, dignes courtisanes des Nérons. Les cris, le tumulte exaltoient ces scènes de carnage dans une enceinte recevant et rejetant par ses larges *vomitoires* des milliers de furieux qui, long-temps accoutumés à se rire des périls et des maux de leur existence, selon l'expression forte de *Jean-Jacques*, avoient fini par se jouer de la vie des hommes. Le mépris des bonnes mœurs les dégrada jusqu'à mépriser l'humanité. Avant que ces spectacles monstrueux suppléassent à la tragédie inspiratrice de la terreur et de la pitié, la comédie, méconnue ou défigurée, avoit perdu le ton décent de *Térence*, et les sales imitations des objets bas et vicieux avoient achevé de flétrir les âmes. Tous les esprits s'infectoient d'abjectes obscénités ; c'est à-dire, comme l'étymologie du terme nous l'indique, de choses qu'on doit toujours exclure de la scène. Ainsi donc, autant les théâtres bien dirigés secondent les progrès de la civilisation et des lettres, autant par leur dérèglement ils concourent à l'accroissement des désordres, des frénésies les plus ignominieuses et les plus atroces.

D'après cela, qui s'étonneroit que les Pères de l'Eglise, témoins des excès de licence et de barbarie où l'ivresse des jeux plongeoit leurs siècles, aient élevé tant de voix tonnantes contre l'infamie des histrions qui suscitèrent les déportemens des peuples ? Ils condamnèrent le théâtre, parce qu'ils frémirent de ses abus : mais la juste indignation qui dicta leurs anathèmes détourna leur jugement de ses principes d'utilité. Ce qu'il y restoit de grand, de pur, de moral, ce que le petit nombre d'hommes lettrés y admiroit encore dans l'abandon général où l'on avoit laissé les Muses grecques et latines, ce peu de drames parfaits dans lesquels avoient brillé les *Roscius*, prêta le secours de l'éloquence profane aux oraisons sacrées, aux homélies du sévère *saint Jérôme* et du touchant *saint Augustin*. J'en atteste les reproches, que le premier s'adresse au fond du désert où le poursuivoit encore l'image des pompes de Rome. La vieillesse du second se confesse d'avoir puisé dans la même source les richesses qui embellirent ses prédications ingénieuses, et tant de controverses éloquentes par lesquelles il terrassa les Ariens aux conférences d'Hippone. Ah ! puisqu'il est vrai que de si éminens génies, d'abord épris des beautés innocentes du théâtre, formèrent à sa fréquentation leurs grands talens apostoliques, et qu'ils y apprirent à énoncer leurs doctrines avec un charme qui les rendit plus persuasives, avouons que les Muses sont les dernières déités païennes qu'il nous soit permis de défendre contre ces chrétiens rigides; et puisqu'aussi bien elles ont servi de modèles aux organes de la liberté dans les harangues politiques, ne serions-nous pas trop ingrats d'en abjurer la bienfaisante idolâtrie?

Désormais, après avoir prouvé que l'art dont nous jugeons nécessaire de nous occuper n'a rien de frivole ni de méprisable, il ne nous reste qu'à combattre le sentiment d'un seul homme : le combattre! qu'ai-je dit? Cet homme est *J. J. Rousseau :* le réfuter me paroît impossible.

Deux fois prévenu contre sa belle lettre à *d'Alembert*, je l'ai relue. On l'accuse de paradoxe : prenez-y garde ; comprenez bien ce véhément contempteur des législations iniques et des préjugés dont son courage le rendit la victime. S'il leur préfère le malheur de l'état primitif et sauvage, ce choix n'est pas tant une erreur qu'il proclame, qu'une verte leçon qu'il vous donne. Il se replace au sein de la nature blessée, pour mieux vous démontrer les faux élémens de l'organisation sociale, dont il est le détracteur vertueux. Chaque fois que j'entends accuser ce martyr de la vérité, je suis prêt, devant ceux qui font aujourd'hui les philosophes, à répéter le mot de cette femme qui lui cria : « Tais-toi, Jean-Jacques ! ils ne t'en- » tendent pas ; ils te tueront. » La force de ses raisonnemens vous presse , vous saisit , vous entraîne. Luttez-vous d'argumens avec lui ? sa logique animée renverse vos froides objections. Recourez - vous aux ressources de l'éloquence ? la sienne vous éblouit et vous accable. On l'é- coute avec défiance : il heurte vos idées ; on les débat , il les change : on le suit pour l'écouter encore ; il vous pénètre de sa sensibilité tou- chante , vous ravit par une grâce enchanteresse , vous subjugue enfin , et vous force à lui céder le victoire en l'admirant.

Aux sentences que porte *Rousseau* sur l'éta- blissement des théâtres , qu'opposerai-je donc ? L'appui de *Voltaire :* son imposant suffrage sou- tiendra mon insuffisance. Mais le poëte , en avocat de sa propre cause , et du besoin des grandes villes dont il multiplia les plaisirs par ses ouvrages dramatiques , ne parle sur ce sujet qu'en auteur intéressé. Prévaudra-t-il contre le citoyen de Genève , jaloux de préserver la can- deur des sociétés naissantes, et parlant au monde en législateur ? C'est sous ce point qu'il faut examiner son épître ; c'est sous ce point qu'il n'avance rien ni de faux, ni de trop sévère ; c'est sous ce point qu'il l'emporte en solidité sur l'indulgent philosophe de Ferney ; c'est enfin sous ce point fondamental qu'éclatent sa raison

invincible et son zèle embrasé pour la conservation de l'innocence des mœurs. *Voltaire* est
l'ami de la splendeur des arts nécessaires à la
prospérité des puissans états. *Rousseau*, l'amant
d'une heureuse médiocrité, craint pour sa patrie
le luxe que les arts entraînent; il prévoit la con-
tagion facile entre les deux sexes que séduit la
fausse morale souvent débitée par des acteurs
licencieux, et par des actrices de qui l'élégance
est parfois coûteuse à la pudeur. *Voltaire* se plaît
à de brillans prestiges; *Rousseau* ne veut que
de naturelles voluptés : néanmoins, tout en re-
poussant les théâtres loin de sa petite république, il n'abuse point de sa forte dialectique
contre son antagoniste, que sa supériorité dé-
pita toujours; il les lui accorde dans un vaste
empire, parvenu d'âge en âge au dernier degré
d'une corruption polie. A cet égard, les honnêtes
jouissances de la scène ne lui paroissent plus
qu'un remède qui du moins réprime les passions
effrénées du jeu, de la débauche et de l'oisiveté
criminelle.

Il se peint les capitales en proie aux querelles
meurtrières, à l'intrigue, au vol, à la brutale
ivrognerie, à l'impudique audace et au délire
des imaginations qui enfantent des monstres;
et reconnoît que des spectacles rétablissant les
bienséances, et faisant trève aux attaques du
crime, y soulageront la police de ses devoirs
rigoureux, et peut-être y tempéreront la fer-

mentation des vices. Il y souscrit pour les riches et bruyantes cités , comme seul moyen curatif, si ce n'est comme une punition à leurs habitans d'avoir perdu les bienfaits que promettent le doux travail , la vue du ciel et des champs. Cette permission part-elle d'un mépris qui les abandonne ? ou sa tolérance provient-elle du sentiment de la vérité qui lui est arrachée parmi ses axiomes? Quoi qu'il en soit , cette concession suffit de la part d'un si redoutable adversaire. Il déclare franchement que les théâtres , qu'il réprouve dans la simple Helvétie, deviennent indispensables à notre population nombreuse , turbulente , et livrée en ses loisirs à mille écarts pernicieux. Il avoue le pouvoir des leçons dramatiques dont son génie étudia l'étendue et sut admirer la beauté dans. les scènes du créateur de *Zopire*. Son assiduité fréquenta dix ans cette brillante école , où je l'adjurerois de nier qu'il y perfectionna son éloquence , à l'exemple des orateurs et des apôtres que j'ai cités. Le voilà donc au nombre des grands hommes reconnus pour avoir été les disciples de *Melpomène* et de *Thalie !* Quelle autre contradiction aurions-nous à repousser encore, si la haute importance de leur art ne paroissoit pas assez éivdente ? Aucune, après les paroles de *Rousseau*. Appliquons-nous donc, pour notre gloire et pour nos plaisirs , au maintien de LA DÉCLAMATION THÉATRALE , non moins urgente que la réédification du matériel édifice où les hommes de lettres appellent une seconde troupe d'acteurs. Ni les pierres, ni le ciment ne manqueront à l'architecte qui construira l'enceinte destinée à les recevoir : mais les fondemens de la restauration dramatique, où les assiérez-vous, si la parole, en s'épurant, ne soutient la tragédie et la comédie que menace une ruine totale ? En vain nous chercherons les vestiges des monumens déjà défigurés que leur génie éleva sous les regards inspirateurs de Louis XIV, de qui la raison, accordant à l'une et à l'autre Muse un double asile dans Paris, voulut ainsi que le réclament aujourd'hui les vœux accueillis par son respectable successeur, ouvrir deux lices aux rivalités qui les illustrèrent et les enrichirent à la fois.

Fions-nous à la sagesse du gouvernement, aux lumières dont l'environnent ses administrateurs, quant à ce qui concerne les mesures à prendre pour réaliser nos espérances. Il est assez averti de l'appauvrissement qu'éprouve toute une moitié de la capitale, séparée par la Seine de son autre moitié qu'enrichit l'entassement des spectacles qui l'encombrent, et qui se nuisent. L'argent et le luxe qu'ils attirent, en refluant un peu vers la rive du midi, rendront la prospérité aux habitans d'un vaste quartier qui n'a plus de premier théâtre, bien qu'il soit le centre des corps

savans où l'art dramatique aurait de bons juges.
Cette opulence mieux répartie nourriroit des
familles d'artisans de qui l'existence s'assureroit
par cet établissement. Il coopéreroit à former
le goût des jeunes gens qui, pour jouir du
théâtre, n'ayant plus à traverser la ville entière, au sortir de leurs colléges et de leur cours
studieux, préféreroient siéger dans un parterre
instructif à fréquenter les cafés et les tripots
obscurs. Les dépenses de la prompte recons-
truction d'une salle et des secours donnés à l'en-
tretien d'une troupe, dussent-elles, à défaut de
souscriptions, être faites sur les fonds de l'Etat,
bientôt les produits des trafiquans et la valeur
accrue des loyers de maisons, couvriroient les
avances du trésor, et tripleroient ses bénéfices
d'année en année par le surcroît des impositions
directes et indirectes, sans qu'un tel profit
parût onéreux. Ces spéculations n'ont pu échapper à la clairvoyance d'une sage autorité. Je
m'abstiens de les développer, et n'entrerai pas
non plus dans les détails relatifs à la forme des
règlemens intérieurs à prescrire aux comédiens,
soit pour les débuts, soit pour les engagemens
de sociétaires ou de pensionnaires, soit pour les
lectures ou les réceptions des pièces ou pour
l'ordre des comités. J'aurois trop à dire sur
toutes ces choses, et surtout à l'égard des droits
d'ancienneté d'acteurs qui réduisent le public
à voir la maturité déjà vieille se perpétuer dans

les jeunes personnages, et la décrépitude des talens à la place de leur énergique renaissance. Je me tairai de même sur le ridicule classement des emplois entre les premiers et les doubles, les rois, les confidens, les reines, les princesses, les amoureux, les coquettes, les financiers, les grimes, les valets, les caractères et les soubrettes; classement qui gêne les auteurs dans la distribution des rôles dévolus la plupart à contresens, qui fait de chaque passe-droit un outrage à l'amour-propre de chaque acteur, et qui donne plus de peine à respecter ces sots priviléges de comédie, qu'on en auroit à régler les préséances d'une cour de monarque et de toutes les antichambres des grands. L'ancienne société du Théâtre-Français que ses pertes et que le temps ont dégradé, se flatte-t-elle d'échapper seule à la régénération nationale que tous les pouvoirs et que tous les corps ont subie? Ses abus resteront-ils seuls triomphans et debout dans le royaume? Ou bien seront-ils extirpés ainsi que mille autres plus difficiles à déraciner, et que la raison est parvenue à détruire? Il est superflu que je m'y arrête, puisque leur réforme dépendra des personnes éclairées qui fixeront les divers objets d'administration. Communiquons seulement des réflexions, que je crois profitables, sur les principaux élémens de l'art ; la déclamation, le maintien et le geste.

Bien parler est rare, bien déclamer plus rare

encore ; j'oserai en exprimer le pourquoi sans craindre que les vrais grammairiens me contredisent, c'est que très-peu d'hommes savent lire : très-peu même parmi ceux qui écrivent et qui débitent en public de la prose ou des vers composés par eux. On auroit lieu de sourire ou de se récrier à cette assertion, si je ne l'expliquois. J'ai de quoi prouver néanmoins qu'on est plus frappé qu'autrefois du défaut commun aux mauvais lecteurs, depuis que se sont tant multipliés les discours. Il se signale dans nos tribunes d'Etat, dans nos chaires d'enseignement, et jusque dans nos académies. Pourtant du sein de ces dernières, dont l'une est spécialement instituée pour la conservation de la langue, devroient et pourroient être émises toutes les règles de correction prosodique. Lorsque j'avance qu'on a besoin d'apprendre à lire, je n'entends pas désavouer qu'on ne s'énonce avec une sorte de régularité vulgaire : mais j'entends qu'on néglige une pureté de diction juste et supérieure qui me semble nécessaire aux maîtres en littérature pour instruire et charmer leur auditoire. Le bien dire ajouteroit les applaudissemens qu'il obtient toujours au relief de ce qu'on peut nommer le bien écrire. Il doubleroit l'éclat des suffrages arrachés le plus souvent par le seul fonds des pensées, qu'une belle et sûre élocution mettroit mieux en valeur. Sous ce rapport, on ne contestera pas ce que j'affirmois ; et nous avons sujet de regretter qu'on ne lise et qu'on ne parle plus élégamment. Il appartient à l'ACADÉMIE FRANÇAISE, interprète et dépositaire des lois grammaticales, de fixer les élémens primitifs de cet art, particulièrement propre aux acteurs qui se vouent à représenter dans les théâtres de Paris et de la province les chefs-d'œuvre de nos plus illustres académiciens. La plupart des bons auteurs sauront mieux indiquer au comédien leurs intentions, toujours fécondes pour lui quand sa docilité les consulte, parce qu'elles partent du sentiment intime de leurs créations. Mais trop souvent il se défie de leurs avis mal rendus par eux-mêmes ; et se trompant à l'effet de leur mauvaise lecture, il juge les écrivains incapables de le guider, et se livre en aveugle à sa manière et à ses routines. Quel est le propos ordinaire des acteurs ? « *Les auteurs n'entendent rien à notre métier.* » Eh, malheureux! oubliez-vous que ce n'est pas un métier que vous faites, mais un art que vous exercez ; un art que les vrais poëtes connoissent à merveille ; un art qui n'atteint au sublime que par le concert des auteurs et des acteurs ? Témoin l'accord de leurs qualités identiques dans notre *Molière*, qui n'alla si loin que parce qu'il sut faire les pièces et les jouer ; témoin le fameux *Baron*, qui fut son élève ; témoins les mémorables rapports de *Racine* et de *Champmèlé*; témoin le

.commerce si fructueux pour l'un et pour l'autre de *Voltaire* et de *Le Kain ;* et s'il faut remonter plus haut , les conseils instructifs que donnoit l'amitié de *Cicéron* au savant mime , de qui le nom est devenu l'éloge générique de tout grand acteur.

Pour se hasarder dans la carrière de ces modèles, l'étude de la prosodie est la première. Sans elle on n'aura qu'un débit fautif, incertain , privé de mesure et d'intonations exactes ; les liaisons du discours seront indécises, fausses ou rompues ; les articulations des syllabes deviendront confuses ; les aspirations s'annuleront ; quelquefois même les mots dont le sens diffère et que composent les mêmes lettres , étant mal prononcés , prendront une signification trompeuse. Sans cesse on offensera l'oreille , on égarera l'esprit.

Premièrement, il faut qu'un travail minutieusement attentif mette l'élève en possession des simples élémens du langage et de la construction des phrases. Il faut qu'il répète haut et distinctement ce qu'il apprend , afin d'exercer la souplesse de ses organes en même temps que sa mémoire , et de ne contracter dans la parole ni l'hésitation, ni le bredouillement, par une précipitation qui, n'articulant rien, n'a rien d'une facile volubilité. Après cet exercice, prononcer, phraser, ponctuer régulièrement, ce ne sera plus pour lui qu'une habitude aisée. Toutefois

une belle prononciation ne résultera pas seulement du soin que j'exige de lui, mais encore de
ses facultés organiques. Si la nature l'affecta du
vice de ne pouvoir nettement marquer toutes
les lettres ; s'il ne rend l'*r* qu'à l'aide d'un son
guttural, s'il n'exprime le *k* que par le *g*, *gua*,
qui n'en est que la moyenne, et l'*s* que par un
désagréable sifflement ; si sa prononciation est pâ-
teuse et tant soit peu bégayée ; s'il n'a pas, enfin,
toute la liberté des articulations labiales et lin-
guales, qu'il ne s'avise jamais d'aborder la scène.
Mais si ces vices ne lui viennent que de négligence, l'éducation et sa propre volonté l'en
corrigeront peut-être : encore, de ceux-là, je
l'avertis que le grasseyement est le seul qu'on
puisse vaincre à la longue, et que le peu qui en
reste, après d'obstinés efforts, se rend tolérable
à la scène, où, dit-on, les qualités de *Grandval*
le lui firent pardonner, aussi bien qu'on l'excusa
dans la tragédienne *Vestris*, et dans la comédienne *Dugazon*.

L'ordre de la phrase, tantôt courte, tantôt
périodique, dont l'élève observera le corps
simple ou les membres, lui facilitera la méthode
des suspensions de la voix, durant lesquelles de
légères aspirations l'aideront sans fatigue à poursuivre le sens : il lui donnera l'usage des pauses
finales qui lui serviront à respirer librement, et
qui, dans les vers, le préserveront de râler
dans les intervalles des hémistiches. Ce défaut

très-choquant dénote une diction pénible et oppresse les auditeurs.

La nécessité de s'astreindre aux règles de la ponctuation, qui modifie continuellement le discours et surtout le discours passionné, commence à influencer un peu sur le parler de l'élève, en le forçant à varier ses inflexions prescrites. Voilà tout ce que pratiquent les personnes auxquelles on a communément appris à lire : mais elles ignorent que ces petites choses, quoique étant les bases indispensables de l'élocution, ne suffisent pas à son élégance. Il y a aussi loin d'elles à ce point suprême que de l'exposition suffisante des pensées dans un écrit au complément de la perfection du style qui les rehausse de toute la force et de tous les ornemens de l'expression : car chacun peut exprimer ses idées, sans fautes, en suivant l'arrangement des mots selon les règles ordinaires de la syntaxe; mais l'habile écrivain lui seul sait les exprimer, avec des beautés, par les combinaisons imprévues de ces mêmes règles modifiées au gré de son génie. Or, ce que l'embellissement du style est au langage tracé, la pureté de la prosodie l'est au langage parlé, ou déclamé.

L'élève apprendra donc cette prosodie qui consiste dans la double mesure de l'accent et de la quantité. Par l'un il fera sentir la valeur des sons graves ou aigus et de leurs intermédiaires graduels; il distinguera délicatement les voyelles ouvertes, fermées, ou muettes, et les consonnes douces, rudes, liquides ou aspirées: par l'autre, il appréciera justement les longues, les brèves et les moyennes, dont le jeu varié produit l'euphonie des langues. Sans être précisément soumises dans la nôtre à la scandaison du mètre grec et latin, elles y sont pourtant assez perceptibles pour en constituer le rhythme harmonieux. Leur mesure inégale n'est pas moins indispensable à la prose qu'à la poésie. En effet, la prose ne devient rhythmique en ses périodes cadencées qu'à l'aide de ses diversités, puisqu'elle n'a point comme les vers la quantité numérique des syllabes, les retours de l'hémistiche, et le frappement égal des rimes, avantages que la poésie joint encore à la quantité prosodique, qu'il faut bien connoître pour ne priver ni l'une ni l'autre de leur justesse et de leur grâce. Tout ce que son emploi fournit à l'élégance prosaïque me seroit peut-être échappé, si dans mon jeune âge les confidences de l'ingénieux *Bernardin de Saint-Pierre* ne m'eussent expliqué les finesses de son beau style, et les mystères délicats auxquels l'avoit initié l'inimitable auteur d'*Emile*. Que n'est-ce ici le lieu de vous transmettre leurs secrets! que ne puis-je de même vous communiquer les subtiles révélations de l'harmonie poétique, aussi clairement que les poëtes *Lebrun* et *Delille* me les

développèrent en me dévoilant les savans arti-
fices de l'auteur de *Phèdre* et d'*Athalie!* alors,
les acteurs détrompés de leurs erreurs journa-
lières, ne douteroient plus que les doctes littérateurs ne soient les seuls maîtres capables
d'enseigner la vraie déclamation, qui s'éloigne
autant du débit trop familier que du débit
emphatique. *Les bons auteurs*, a-t-on dit avant
moi, *font les bons comédiens, et ceux-ci ne
font jamais que des auteurs médiocres.* Mieux
que personne, les poëtes indiqueroient l'usage
heureux de l'accent : ils en savent distinguer
les diverses espèces, déjà bien définies par les
philologues métaphysiciens sous les dénomi-
nations d'accens grammatical, logique, oratoire,
dramatique et harmonique.

Le premier est élémentaire : en partie carac-
térisé par les signes aigus, graves, circonflexes,
l'oreille le distingue aisément. La voix soumet
à ses rapports ses mobiles inflexions en les
modulant par degrés avec les demi-tons et avec
les intonations sourdes et nasales, les seules qui
ne soient point signifiées, et en assujétissant le
tout aux quantités sensibles. Jamais elle ne doit
tirer ses sons que du *medium*, du plein de
l'organe, afin de les élever ou de les abaisser,
de les hâter ou de les ralentir à volonté, suivant
le mouvement du rhythme ou de la passion
inspiratrice. Ce premier accent, auquel se
joignent les mesures du nombre et de la durée

accidentellement variable et non figurée dans notre langue, n'est qu'une sorte de mécanisme facile à comprendre, mais difficile à exécuter. Dès qu'on se l'est approprié par l'usage, on l'exerce presque à l'insu de soi-même, sans y affecter l'exactitude qui dégénère en pédanterie. L'organe du langage obéit à l'âme, ainsi que la main qui parcourt les octaves d'un clavier sonore en touche les notes que l'esprit du musicien appelle, sans qu'il ait besoin de s'occuper de la direction agile de ses doigts.

Les quatre autres accens dépendent de l'intelligence ou du sentiment. Passons sous silence le logique, dont le nom seul indique la relation directe du mot avec le sens, et du son vocal avec l'un et l'autre. De cet accent partent la clarté, la justesse des intonations conduites par le raisonnement qui les met en un accord parfait avec le caractère significatif des termes. On l'emploie dans le détail des choses, des circonstances décrites, de la délibération, des démonstrations et du récit. Il est superflu de le recommander à l'élève doué de jugement et d'oreille; naturellement il s'y conformera : car s'il ne possède la langue et s'il manque de droiture d'esprit, il n'accordera jamais sa voix aux paroles. Qu'il ne songe plus à débuter : qu'il reçoive pour son bonheur l'avis de notre *Boileau* :

Soyez plutôt maçon, si c'est votre talent.

Jusqu'ici nous n'avons exposé que les racines de l'enseignement ; mais l'acteur doit en poursuivre jusqu'aux branches les plus élevées, s'il veut en recueillir les fleurs et les fruits. Supposez qu'il s'arrête aux seules notions que je viens de lui donner, notions qui manquent encore à tant de comédiens façonnés au hasard, par leur secours il n'aura qu'une énonciation correcte, mais froide et sagement monotone : il ne dira pas de travers, il ne blessera pas la règle ; mais ce n'est point assez que de bien accentuer le langage, il faut accentuer l'âme pour émouvoir. Donnez un instrument au musicien bien appris, son violon ou sa flute rendront justement les sons prescrits par le compositeur ; mais il ne charmera pas s'il ne les rend avec autant de feu que de précision. Le chanteur le plus exact vous glacera tant que sa voix inanimée n'exécutera que mollement et timidement la note écrite. D'où naissent vos transports ? De sa chaleur, de son propre ravissement, lorsque dans un abandon réglé, il atteint les limites des cordes expressives de sa voix, qu'il semble s'affranchir des entraves de l'art qui gouverne son emportement, et qu'il risque même d'échapper à la mesure sur laquelle il retombe avec justesse, éclat et certitude. Tel celui qui parle doit passionner le discours et n'être jamais l'esclave embarrassé, soit du nombre, soit de la lenteur ou de la rapidité des syllabes, dont les quantités, ainsi que l'a bien discerné *Duclos*, quoique partout sensibles dans la langue française, n'y sont pas absolument appréciables. Elles n'ont pourtant d'arbitraire que ces nuances trop fines, trop déliées, trop fugitives pour être fixées entre les intervalles dans lesquels notre voix exprime les émotions du cœur.

Affermi dans sa méthode, l'élève, après une sérieuse étude, ne craindra plus de porter sa diction à la hauteur de l'accent oratoire : accent de vérité, de persuasion, de force et de dignité tout ensemble ; accent convenable à la noblesse de certaines expositions tragiques, à la majesté des conseils des rois, des sénats, aux harangues des princes, des chefs du peuple, aux discours des ambassadeurs, à ceux des pontifes, aux organes des tribunaux. Sera-ce, en effet, d'un ton vulgaire qu'*Oreste*, chargé des volontés de toute la Grèce, viendra demander la mort d'*Astianax* au roi d'Epire? *Sémiramis*, du haut de son trône, énoncera-t elle familièrement à ses sujets rassemblés, son vœu de partager avec un époux le poids de la suprême puissance? Veut-on que *Brutus*, au nom du peuple romain, réponde à l'envoyé des ennemis de la république, sans que la grandeur de sa cause respire en ses paroles? que *Mithridate* vaincu persuade à ses fils la possibilité de ses triomphes dans l'Italie, en décolorant par une élocution terne et commune le brillant tableau de ses entreprises? Qu'*Agrippine* ne relève pas son débit du sentiment d'orgueil dont la remplit le souvenir de son rang, de ses services et de ses droits devant un fils ingrat qu'elle a couronné? qu'enfin *Sertorius*, en présence de *Pompée*, traite le sujet des discordes civiles comme un mince intérêt domestique? En de pareils rôles, en de telles situations, il ne faut ni d'excès de faste, ni de vaine enflure; mais il y faut quelque pompe, une énergie soutenue, une largeur proportionnée aux caractères des personnages, à l'importance de leurs entretiens, aux formes que leur prête l'imagination; autrement, la scène se rétrécit, l'ennui détache le public des objets qu'on y débat; et ce qui eut été grand n'est plus que pesant. Là, le parler trop simple cesse d'être vrai. Prenez les hommes publics pour modèles : écoutez-les dans les chambres législatives, dans les magistratures, dans les cours des souverains qu'ils vont haranguer : s'énoncent-ils comme dans la vie privée? Demandez-vous comment *Bossuet* dut proférer les magnifiques périodes de sa prose pleine de lumière et de foudres divines; de quel accent le chancelier *d'Aguesseau* prononçoit devant la justice ses pénétrantes mercuriales; quelle solennité naturelle l'avocat *Gerbier* donnoit au ton de son organe si beau, si sonore, quand il le consacroit à soutenir les droits de l'innocent et du pauvre? Voilà votre étude après celle de l'histoire.

La lecture assidue de l'histoire ancienne et moderne n'est pas moins nécessaire aux comédiens qu'aux poëtes, puisque les uns font revivre et que les autres font parler les héros de ses annales. Elle offre à l'actrice studieuse l'image de la grandeur des reines qu'elle doit représenter, et dont sa condition l'écarte ; elle révèle à son esprit les secrets des scènes politiques dont son sexe ne lui permet pas d'être témoin. L'acteur, en la lisant avec fruit, sentira la dignité qui sied aux principaux personnages ; il jugera, d'après les ornemens des discours que prononcèrent tant d'orateurs, de ceux qui doivent noblement parer sa diction. Négligera-t-il pour plaire, dans sa profession qui n'a pas d'autre but, les soins que, pour séduire la multitude, prenoient ces hommes à qui leurs fonctions ne prescrivoient que de lui énoncer des choses utiles ? Mesurez à quelle excellence dut monter chez les anciens la délicatesse de la déclamation au ton d'éloquence qu'exigeoit la place publique. Entre mille exemples, je ne rappellerai que le plus connu. *Gracchus* n'alloit parler aux comices que suivi d'un joueur de flûte par lequel, de peur que sa voix ne faussât, il se faisoit donner le premier ton, et il le chargeoit par intervalles de modérer son impétuosité.

Chacun sourit aujourd'hui d'un si incroyable artifice, tant on est loin de sentir le prix que mettoient les Latins au pouvoir de bien dire, et ce

que l'émulation ajoutoit chez eux au talent de la parole. Cependant, rien n'effacera de ma mémoire les effets que je lui entendis produire parmi nous, je ne dirai pas dans une assemblée où régnassent les graves bienséances, mais dans le plus tumultueux, le plus effréné, le plus terrible de nos conseils révolutionnaires. Là, du milieu des menaces et des rugissemens, que suspendoit toujours la touchante élocution de VERGNIAUD, sortoit la pureté, l'abondance de toutes les inflexions vocales que peut embellir un timbre mélodieux long-temps exercé par la tribune. Il plaidoit souvent pour le peuple, au nom duquel on l'immola : sa bouche en provoqua l'appel à la défense d'une tête auguste.....
Bientôt il alla résigner la sienne à l'affreux tribunal que présidoit le meurtre ; et là, je l'écoutai pour la dernière fois ; car je ne parle de rien par oui-dire. En chacune de ces situations solennelles, la dignité de son accent égaloit celle de ses tragiques plaidoieries ; et tandis qu'en lui s'accomplissoit sa prophétie ingénieusement exprimée : « *La révolution est comme Saturne, elle* » *dévorera ses enfans*, » cet orateur ne laissa pas même, à l'approche de la mort, altérer la noblesse et la simplicité du ton avec lequel il prononça : « *Je suis venu pauvre à la révolution, et* » *je m'en retourne pauvre à l'échafaud.* »

Les souvenirs de ces grandes scènes m'ont plus instruit que les meilleurs livres. Peut-être leur dois-je le peu que j'ai de philosophie, mes pensées dramatiques, et quelque connoissance de cette déclamation qui n'est bonne que puisée aux sources de la nature et de la vérité.

Je n'eusse jamais imaginé, sans doute, les formes imposantes dont elle revêt le discours, ni la richesse qu'il en emprunte, ni la puissance qu'il en reçoit, si *l'assemblée constituante*, réunion des plus rares talens rivaux, ne m'eût offert pour exemple l'acteur politique le plus étonnant que j'aye à désigner en modèle aux premiers acteurs de théâtre. Ce n'étoit, par le style, ni un *Démosthène*, ni un *Hypéride*, ni un *Cicéron;* il n'avoit la fluidité ni l'élégance devenue classique du dernier; mais il avoit l'action du premier. De même que celui-ci repoussoit les messages de *Philippe*, de même il combattoit l'invasion des préjugés et des intérêts anti-nationaux. Il n'avoit pas le charme extérieur ni les lèvres d'un *Alcibiade;* l'aspect de ses dehors frappoit à son désavantage : il étoit laid; sa taille ne présentoit qu'un ensemble de contours massifs; quand la vue s'attachoit sur son visage, elle n'en supportoit qu'avec répugnance le teint gravé, olivâtre, les joues sillonnées de coutures, l'œil s'enfonçant sous un haut sourcil et dans le creux d'un enchâssement plombé, la bouche irrégulièrement fendue; enfin, toute cette tête disproportionnée que portoit une large poitrine. Etoit-ce en lui la beauté des organes ou de la prononciation qui suppléoit à la figure? Sa voix n'étoit pas moins âpre que ses traits, et le reste d'une accentuation méridionale l'affectoit encore; mais il élevoit cette voix, d'abord traînante et entrecoupée, peu à peu soutenue par les inflexions de l'esprit et du savoir, et tout à coup montant avec une souple mobilité au ton plein, varié, majestueux, des pensées que développoit son zèle. En cela comparable à ces grands oiseaux qui ne s'arrachent du bas de la plaine qu'avec pesanteur, et de qui l'essor devient si léger en s'élançant dans la nue; de là, l'aigle planoit, il se jouoit des orages, il lançoit mille éclairs, il foudroyoit tout. Fort de sa mâle éloquence, grandi par sa déclamation, sa laideur disparoissoit; il se montroit vraiment beau, sa vigueur avoit des grâces, tant son âme le transformoit tout entier. Comme elle faisoit bien servir ce qu'il avoit de robuste en sa stature à toute l'énergie de ses expressions! Comme elle dirigeoit bien ses gestes prononcés et rares! Comme elle affermissoit son port altier, son maintien de lion! Comme son génie accordoit noblement et sans grimace, le feu de ses regards, le tressaillement des muscles de son front, de sa face émue et pantelante, et le mouvement de ses lèvres, aux intonations de la vérité, de la véhémence, de la menace et de l'ironie! A ce portrait, on a déjà nommé Mirabeau. Sans doute, aucun spectacle ne fut si merveilleux que celui des luttes d'un tel athlète qui, de sa voix, terrassoit des corporations entières dans une salle contenant trois à quatre mille auditeurs. J'eusse été curieux de voir ce qu'auroit pu l'ambitieux Capitaine qui se flattoit de tout courber sous l'empire de l'or et du fer, contre la liberté de ce colosse moral qui méprisoit si fièrement ce qu'il nomma *la puissance des bayonnettes.*

La dignité du discours élevé, grave, impétueux, entraînant dans cet homme-là, m'imprima seule quelque idée des larges effets que *Le Kain* eut l'art de produire : celui-ci, de plus, unissoit à la perfection de l'accent oratoire, celle de l'accent dramatique. Les personnes qui les ont vus tous deux, m'ont assuré qu'on les eût par fois pris l'un pour l'autre, aux conformités de leur naturel également théâtral. A n'en croire que l'éloge que nous laissa de l'admirable tragédien un très-habile comédien son collègue, en douterions-nous ? Quoi de plus instructif que les facultés de *Le Kain* jugées par *Molé ?* Transcrivons de lui quelques lignes remarquables : il le dépeint, et après avoir dit qu'au premier aspect les dames le trouvèrent *affreux*, il signale comment l'expression et l'art le métamorphosoient.

« Jamais la correspondance entre l'âme et
» les traits ne fut plus fidèle, plus mobile, et
» plus sûre que celle que *Le Kain* offrit dès son
» début aux spectateurs étonnés.

» Il n'avoit pas un mouvement qui ne fût
» une grâce : ses poses étoient d'une régularité
» parfaite ; jusqu'à sa marche grave, lente et
» majestueuse, tout étoit tragique en lui ; et
» jamais cette qualité théâtrale que nous nom-
» mons l'*aplomb* ne fut plus imposante et plus
» prononcée que chez *Le Kain* dès son début.

» Quant au moral de son talent, ses concep-
» tions étoient justes ; et toutes ses inflexions,
» quoique alourdies par la gravité du genre, et
» par l'essence même de son talent, n'en étoient
» pas moins prises dans la vérité du sentiment
» quelconque qu'il exprimoit. Il ne me souvient
» pas qu'il abandonnât rien au hasard, que rien
» d'oiseux en lui laissât le public dans le vague
» de son intention : ses transitions, éprouvées
» par un long silence, étoient aussi éloquentes
» que sa parole ; et l'on y voyoit avec clarté
» son âme s'éteindre sur une affection, et re-
» naître pour une autre, dont l'expression de-
» venoit positive et connue : avantage qui ré-
» sultoit en lui, et de la justesse de ses aperçus,
» et de l'obéissance fidèle de ses traits aux affec-
» tions de son âme. On lui reprocha, dans le
» temps de ses débuts, d'avoir la voix sourde
» et les tons déchirés ; c'étoit déchirans qu'il
» falloit dire. »

Cette remarque de *Molé* caractérise, on ne
peut mieux, le talent de l'homme né pour la
scène. Ce qu'il ajoute sur ce tragédien profond

démontre que sa voix cessoit d'être pesante dans les passions qui précipitoient, qui enflammoient ses paroles, et que jamais l'exaltation maîtrisée ne put aller au delà du pathétique et du terrible où atteignoit son inépuisable ardeur.

Il est entre l'âme et la voix de promptes et vives relations qui unissent tellement l'une à l'autre, que toutes les affections de la première modulent, nuancent, altèrent le ton de la seconde. Soumise aux passions dont elle est l'organe, elle participe du trouble, du désordre de leurs mouvemens qui changent et rompent dans ses inflexions jusqu'à la prosodie accoutumée. Fidèle à suivre leurs émotions rapides, la voix monte ou descend, ralentit ou accélère le langage, se brise et s'amollit. La voix colore les idées, elle les peint; la voix tremble et s'irrite; la voix pleure. Tantôt ses accens étouffés prolongent la mesure des syllabes par les soupirs et les sanglots; tantôt elle les heurte, les jette par saillies, et fait éclater les mots par des cris : quelquefois même elle ose les couper, les balbutier, les inarticuler, et se créer une prosodie particulière qui résulte des seules impressions de l'âme agitée. Toutes ces intonations expressives du courroux, de la douleur ou de la joie, ne touchent qu'autant qu'elles sont vraies et non saccadées : l'art doit les conformer à la concentration ou à l'expansion des sentimens dont elles partent, et modifier leur force à ce point

extrême, qu'elles n'outrepasseroient qu'en bles-
sant le goût et l'oreille. C'est cela qui constitue
le sublime accent dramatique, duquel je défie
les professeurs de poser les règles, parce qu'il
échappe à toutes : les théories n'y ont plus de
prise ; la nature seule peut inspirer et donner
cet accent. C'est par lui que triomphe le talent
du comédien ; c'est en lui que réside l'empire
de la déclamation ; c'est lui qui prouve qu'en
effet elle est quelque chose en soi comme la
poésie même, et que l'expression dont elle
l'embellit en est presque indépendante, puisque
deux acteurs peuvent déclamer la même prose,
les mêmes vers, d'une façon différente, avec
un égal succès mérité par chacun ; puisqu'une
diverse organisation modère l'un et exalte l'autre,
et qu'une même leçon ne convient pas à tous
deux pour leur inspirer une diction sentie.

Le judicieux *Duclos* a fort bien remarqué que
*les langues ne sont que des institutions arbi-
traires, que de vains sons pour ceux qui ne les
ont point apprises ; mais qu'il n'en est pas ainsi
des inflexions expressives des passions.* La voix
peut les marquer plus ou moins fort, elles se
font toujours saisir, elles sont toujours signifi-
catives ; *elles forment une langue universelle pour
toutes les nations : l'intelligence est dans le cœur,
dans l'organisation de tous les hommes. Les
mêmes signes du sentiment, de la passion,* ajoute
Duclos, *ont souvent des nuances distinctives qui*

marquent des affections différentes ou opposées ; on ne s'y méprend point : on distingue les larmes que la joie fait répandre de celles qui sont arra- chées par la douleur. De même, dirai-je, les éclats, le tremblement, l'extinction de la voix, produits par les ravissemens de l'alégresse, ne se confondent point avec les mêmes effets de la voix produits par les transports de la colère ou du désespoir. La multitude, frappée de la seule justesse des accens expressifs, y répondra par les sympathiques émotions qu'exciteront les sen- timens exprimés. Mais il faut que rien ne dis- joigne les liaisons intimes des troubles intérieurs de l'esprit avec les sons de l'organe, interprète vivant des termes.

Quel spectateur instruit du sujet donné, quelque peu qu'il sache notre idiome, mécon- noîtra dans la bouche de *Talma* la fatale curiosité d'*OEdipe*, l'épouvante et la consternation de l'innocence devenue criminelle à son insu? Qui méconnoîtroit dans son *Oreste* en Tauride les gémissemens de l'amitié désolée ? Dans son *Oreste* en Epire les jalousies de l'amour en larmes, l'effrayant délire des remords : sa voix montre les furies. Quels cœurs ne correspondent, dans son *Hamlet*, avec les sensibles accens de sa mélancolie, avec les déchiremens de la nature indignée ? Ce n'est point en de tels rôles qu'on eut à lui souhaiter l'ampleur, l'énergie expansive, brûlante, que répandoit sur l'amoureux *Oros-*

mane l'autre modèle cité plus haut, qui, après avoir versé la chaleur sur tout son rôle, faisoit pleurer et frémir à la fois le parterre, transporté à ce vers qu'il articuloit en sanglottant :

Voilà les premiers pleurs qui coulent de mes yeux.

Le beau talent de *Talma* me semble offrir avec *Monvel*, dont il égale la profondeur d'expression vraie, dont il a ce que j'appellerois *le sentir animé*, et dont il surpasse le fini dans la terreur, plus de rapport qu'avec *Le Kain*, si mâle et si solide dans le jeune *Horace*, si hautement dessiné dans *Mahomet*, si douloureux dans *Arsace* et dans *Vendôme*. Mais admirons-les tous deux dans *Néron*, rôle qui me fournit l'analyse d'une autre partie de l'accent dramatique.

Ce double exemple du grand succès de l'un et de l'autre acteur, prouve qu'en effet des moyens divers réussissent également à deux habiles tragédiens. J'ai dit que la propriété de l'accent dramatique étoit d'exprimer la passion dans le débit : il y faut beaucoup d'art et de flamme ; mais souvent la passion n'est pas simple, et d'autres passions s'y compliquent ; alors la voix dissimule et dément le langage ; son expression devient double. *Néron* sent qu'il aime ; mais il naquit féroce : l'accent qui peindra son amour doit porter la couleur de sa cruauté. Que dit-il, en se retraçant l'état de *Junie* ?

J'aimois jusqu'à ses pleurs que je faisois couler.

Néron surprend son frère aux pieds de la maîtresse qu'il veut lui ravir : ses intonations doivent annoncer, sous la froide apparence d'un mépris ironique, l'ardente colère que son déguisement réprime ; et quand son rival déclarera qu'il ne craint que l'inimitié de *Junie*, ces terribles mots,

Souhaitez-la,

auront l'éclat du tonnerre. Enfin *Néron* promet à sa mère une réconciliation de famille : ses inflexions doivent rester empreintes d'une dissimulation assez justement mesurée pour que l'interlocuteur puisse s'y méprendre, et que le spectateur ne s'y trompe pas. Ainsi, dans chaque scène à doubles passions, soit lorsque la crainte, soit lorsque le respect, ou l'amour outragé, ou la haine et la vengeance couverte, affectent des paroles contraires au sentiment qui prédomine dans le personnage, l'état et le fond du cœur doivent s'expliquer au parterre par le mensonge de la voix : cet artifice, bien exécuté, est le comble de l'art. Un élève, en méditant la nature humaine, remarquera que la feinte approche plus ou moins des accens de la vérité, en raison des caractères obligés à quelque déguisement ; car, d'après un écrit publié sur l'art théâtral, « il est plus facile à un homme » droit de contrefaire les vices, qu'il ne l'est » à un être vicieux de bien peindre les vertus

» premières. » Cette réflexion fut moralement tracée par *Larive*, acteur favorisé des dons les plus brillans que la nature ait accordés : organe, taille, visage, talens, tout le seconda dans une carrière où ma reconnoissance aime à garder sa mémoire, et dans laquelle je me souviens, depuis l'âge de seize ans, qu'il soutint le premier pas de ma Muse. On n'a point oublié quel feu l'électrisoit en jouant *Philoctète, Ladislas, Tancrède* et *Guillaume Tell.*

Il sembleroit qu'à la correction, à la noblesse et à la vérité des accens que nous avons définis, il n'y eût aucuns nouveaux préceptes à joindre pour accomplir le système de la bonne déclamation : n'omettons pourtant pas ceux de l'accent harmonique.

On a vu que la prosodie des mots demeure fixe dans l'accent oratoire, qui ne modifie que celle des phrases ; qu'elle varie dans l'accent passionné, qui parfois change celle des termes et des périodes : voyons ce qu'elle devient sous l'influence de l'harmonie. L'accent que j'appelle harmonique, plusieurs grammairiens le nomment musical : je n'ai garde de lui appliquer cette qualification, de laquelle a pu naître l'erreur qui porte à confondre la déclamation avec le chant ; erreur qui a même fait présumer qu'il étoit possible de la noter. Telle que je la conçois, telle qu'elle convient à la tribune, à la chaire, au barreau, et jusqu'au théâtre, elle ne doit être qu'un parler noble, pur et animé. Sitôt que l'orateur ou que l'acteur chante, il sort également du ton de la prose et de la poésie, qui toutes deux veulent être parlées. Les partisans de la diction chantante nous opposeront cet axiome de *Voltaire* :

Les vers sont enfans de la lyre ;
Il faut les chanter, non les dire.

Mais entendons-nous ; interprêtons bien la maxime du poëte, et n'y donnons pas une extension outrée. *Voltaire*, expérimenté par le théâtre, connoissoit trop les limites qui séparent la prose de la poésie pour vouloir qu'on prononçât l'une aussi familièrement que l'autre : mais il savoit trop ce qui distingue la poésie de la musique pour conseiller qu'on appliquât le même mode à leur exécution. Au plus simple aperçu des moyens de l'une et de l'autre, on reconnoîtra qu'ils diffèrent. La quantité prosodique n'est point pareille à la mesure musicale : on les accorde rarement ensemble avec exactitude : car une suite de notes abrège tantôt les longues, et tantôt alonge les brèves dans notre langue, au préjudice de sa prosodie. De plus, la voix en chantant ne parcourt l'octave qu'en passant d'un ton à l'autre par un saut, ou par le trajet d'un demi-ton ; tandis que la voix en parlant passe aux deux extrémités de ses intonations par un nombre infini d'intervalles graduellement insensibles. Cette seule raison démontre pourquoi l'on dit faux pour peu que l'on chante ce qu'on dit. En outre, non seulement on fausse l'accent du langage, mais on fausse encore celui du sentiment ; à moins que le vers n'ait été spécialement tourné pour les combinaisons de la musique.

S'ensuit-il de ce qu'il ne faut pas soumettre à un récitatif musicalement monotone les vers de la tragédie, qu'ils doivent être dénués de toute harmonique prosodie ? Ce seroit les dépouiller de leur mélopée naturelle, que de les débiter absolument comme les vers de la comédie ou comme la prose. L'espèce de chant propre à la poésie consiste dans la mesure de son rhytme et dans ses rimes alternatives, dont la récitation accentuée doit légèrement marquer les consonnances, sans effacer ses hémistiches, qu'elle peut franchir à propos en s'arrêtant sur la variété des césures. Autrement, les vers, décousus et dits par saccade, perdent leur charme et leur grâce. Une voix habile à les prononcer en fera sentir avec liberté le nombre et les désinences, même durant les transports de la diction la plus passionnée. Qu'est-ce qui distingueroit la noblesse de *Melpomène* de la familiarité quelquefois noble de *Thalie*, si toutes les deux parloient du même ton ? Le débit de la haute comédie est semblable au pas ordinaire de la marche des hommes ; la déclamation de la tragédie, conventionnellement idéale, est

parcille à la marche élégante du pantomime qui parcourt le théâtre au gré des passions qui le transportent, et qui le franchit en tous sens à pas rapidement symétriques et par élans mesurés avec art. S'il danse, la comparaison cesse, et ne pourroit plus être appliquée qu'au ridicule du déclamateur qui chante. On parlera donc le vers, on l'accentuera simplement, mais sans en laisser évanouir ni l'élégance, ni l'élévation poétique. On pensera que ces grands tableaux déployés dans les pièces de *Corneille*, de *Racine*, de *Voltaire*, exigent le vernis d'une brillante élocution : on craindra de les rapetisser, puisqu'ils sont faits pour élever l'esprit des spectateurs ; on se rappellera qu'*Eschyle*, ayant proportionné la hauteur de son style aux dimensions du cothurne et des masques antiques, fit dire par l'un de ses coryphées : « C'est en par-
» lant grandement des grandes choses que je fis
» des Athéniens des hommes de quatre coudées
» de haut, intrépides, magnanimes, ne respirant
» que l'amour de la liberté et de la gloire. »

J'invite l'élève, jaloux de se faire un nom, à s'interroger lui-même. Comment dira-t-il sans pompe le rôle inspiré de *Joad*, s'il aspire à en prononcer les vers magnifiques comme ils doivent l'être ? Comment arrivera-t-il à cet enthousiasme qui le force de s'écrier :

Lévites ! de vos sons prêtez-moi les accords,

et qui lui dicte ses oracles solennels? assurément, s'il ne s'habitue à rehausser ses formes
avec aisance, s'il ne s'accoutume à faire passer
le ton vrai dans les inflexions les plus poétiques,
il sera honteusement réduit à rechercher l'exagération et l'enflure, vice égal à la bassesse,
défaut plus dangereux qu'une simplicité trop
vulgaire. Il aura recours aux efforts de poumon,
aux vains éclats de voix : que produira-t-il? le
murmure, les huées, ou l'ennui d'un parterre
qui le laissera, sans l'entendre, s'agiter dans sa
frénésie glacée. Pourtant le chef-d'œuvre qui
renferme ce beau rôle n'est point de ceux qu'il
soit permis de dérober au public, ou de gâter
sur la scène. Le vieux BRIZARD, dont la stature
étoit théâtrale, la tête majestueuse, les mains
paternelles, et qui sans art faisoit sortir le
pathétique de ses entrailles, eh bien! à peine
suffisoit-il à la grandeur du personnage de *Joad*,
parce que l'accent poétique lui manquoit dans
les prophéties. La plupart des comédiens ne
comprennent seulement pas ce que c'est. Pour
juger de leur impuissance à s'y conformer, on
n'a qu'à voir les coupures qu'ils proposent dans
les ouvrages où les développemens mytholo-
giques et historiques sont nécéssaires. Ces ornemens du genre leur pèsent : ils en exigent le
retranchement, parce qu'ils ne sauroient point
les porter à l'aide d'une libre et forte déclamation. Ils ont raison d'en commander le sacrifice ;

car leur débit lâche feroit tomber ces beautés locales. Ils n'estiment bon que ce qu'ils sont susceptibles d'exécuter passablement; ce qui est très-peu, très-usé, très-banal. Ils bornent à leurs facultés personnelles l'esprit et les sentimens des personnages. Au lieu de s'identifier à eux, ils les restreignent à leur compréhension étroite : ils n'accueillent que des tirades de placage, parce que leur récitation est routinière; ils blâment les poétiques élans, parce qu'elle est grossièrement prosaïque. « *Dans telle situation*, vous disent-ils, *je répondrois ceci, je ferois cela.* » Et il faut que leur petite pensée devienne celle qu'on prête aux héros d'un drame. Enfin, la majesté des rôles, leur éloquence abondante, dont les détails leur semblent toujours *des longueurs*, est pour eux comme un costume trop lourd dont le poids écrase leur maigreur, et que leur ignorance arrache aux meilleurs écrivains. Ne se souviennent-ils pas d'une réprimande de *Racine* qui lisoit une tragédie dans l'assemblée des comédiens devant un acteur dont il pensoit que l'âme et le talent étoient au-dessus de ses propres leçons? Celui-ci s'avisa de demander des changemens à l'auteur, qui lui répliqua : « *Baron,* » *je vous ai fait appeler à l'assemblée pour* » *prendre un rôle dans ma pièce, et non pour* » *me donner des conseils.* » On arguera contre ceci de ce qu'aucun poëte n'a le génie supérieur

de *Racine* : mais songez que lui-même étoit si mal
apprécié de son temps, qu'il fallut le suffrage de
Boileau pour nous conserver *Britannicus*, qui
n'eut point de succès dans l'origine. Nombre
de choses que nous admirons chez les grands
maîtres ne nous seroient point parvenues, si jadis
les comédiens , comme aujourd'hui , se fussent
cru le droit de corriger les pièces d'un auteur, au
lieu d'apprendre de lui à les bien dire. Mais quoique , pour la plupart très-illettrés , ils dédaignent
les avis des hommes de lettres qui leur ensei-
gneroient les délicatesses de la langue , à eux qui
s'ingèrent de rectifier même le style des écrivains exercés, ils appellent cela , *faire la guerre
aux mots*. Certes, ils font une guerre mortelle,
non seulement aux mots , mais aux vers les
meilleurs , mais aux drames entiers qu'ils tuent,
faute de savoir les bien déclamer. N'est-il pas
temps qu'une concurrence laborieuse prévienne
cette double décadence produite par des acteurs
foibles qui affoiblissent les auteurs et décou-
ragent leur esprit? Les personnes à talens , qui
nous restent , ne se sentiront pas atteintes de
cette vérité qui ne frappe point sur elles.

Un même mal a nécessité l'application d'un
remède , à trois époques marquées de ce même
déclin théâtral. Avant que des principes fixes ne
fussent posés par la théorie et par l'expérience ,
la déclamation étoit fausse et ampoulée ; car
l'emphase est le premier défaut notoire dans

l'enfance de l'art. Il y eut deux théâtres ; et les vieilles habitudes combattues par celui de *Molière*, où s'étoit d'abord formée la séduisante *Champmêlé*, disparurent à l'arrivée de *Baron*, que le père de la comédie avoit instruit. Il porta sur la scène la récitation simple, vraie, et noblement convenable. On se détrompa du système exagéré qu'on avoit suivi. Sa tradition réfléchie est venue jusqu'à nous : en voici l'exemple le plus notable. Les acteurs qui jouoient *Sévère*, dans *Polyeucte*, en prononçant ce vers,

Servez bien votre Dieu, servez votre Monarque,

appuyoient sur le premier commandement, et affoiblissoient le second. *Baron* apprit de *Corneille* que l'intention des deux hémistiches étoit contraire : et l'acteur, faisant sentir que c'est un politique, un homme de cour qui parle, exprima d'un ton insouciant,

Servez bien votre Dieu,

comme n'attribuant à Dieu qu'un respect humain ; puis, d'un ton imposant,

Servez votre Monarque,

comme attribuant au prince le pouvoir divin La tragique *Lecouvreur* ne tarda pas à suivre et à propager la belle manière de *Baron*. Elle vainquit les obstacles que lui opposoient un extérieur ingrat, et l'organe sec et sombre qu'on lui reprochoit. Elle parla sans faste, mais si poétiquement, s'embellit si bien des expressions de l'âme, qu'elle associa son nom à celui de la plaintive et fière *Cornélie*. Après elle, on recommença bientôt à chanter la déclamation, qui cessa d'être sentie. Mais une révolution s'opéra vers le naturel du débit, que l'actrice *Dumesnil* poussa jusqu'à l'extrême, et dont elle tira des effets si tranchans, si forts, que l'art de *Clairon*, toujours égale en ses rares qualités, ne lui mérita que ce mot de *Garrick*, à qui l'on demanda ce qu'il en pensoit : « *Elle est trop* » *actrice.* » *Dumesnil*, par l'originalité simple de son dire, étant impossible à imiter, le sublime continu de *Clairon* fit exemple ; mais comme on ne copie que la manière des maîtres et non leur intelligence, on retomba dans la route musicale et dans les lieux communs. L'habitude reprise devint si forte, et la médiocrité rivale si puissante, que ce ne fut qu'après avoir débuté trois fois, et avoir été deux fois congédié par mépris, que l'élève de *Voltaire*, que *Le Kain* entra au théâtre, d'où le comité de la Comédie Française le repoussa long-temps, et où l'appeloit un parterre ardent et lettré. Déjà l'impatience publique redemandoit deux théâtres, et les Mémoires du temps en font foi. Mais le zèle suppléoit au besoin, car plusieurs troupes de société servirent à ce grand acteur de première école. Son caractère opiniâtre et

ferme, que *Colardeau* nomma son *inébranle-ment*, parvint à écarter les brigues : il sut dé-clamer la tragédie, c'est-à-dire dignement la parler. Il montra comment on entre dans le débit du détail sans rien faire perdre à l'explosion des sentimens extrêmes. Il atteignit à ce terme désigné par le tact du comédien qui nous écrivit dans son éloge : « La marche est si déli-
» cate entre la pompe qui convient à la tragédie,
» et le parler noble de la comédie, qu'il faut
» une réserve bien attentive pour ne pas tom-
» ber dans le familier exagéré que réprouve la
» tragédie, ou dans le faste exagéré que ré-
» prouve le haut comique, et qui convient au
» détail du débit tragique. »

C'étoit la seconde fois que l'art avoit eu besoin d'une régénération, et l'intervention de nouveaux talens l'avoit encore opérée. Successivement les abus envers les auteurs et la négligence envers le public se renouvelèrent. Citons en témoignage un contemporain éclairé des auteurs de *Zaïre* et de *Rhadamiste*, qui inséra cette accusation dans son *Traité sur l'Art dramatique* publié en l'année 1773 :

« Les comédiens, riches d'un fonds éton-
» nant, héritiers des *Corneille*, des *Racine*, des
» *Crébillon*, des *Voltaire*, comme s'ils étoient
» leurs enfans, ont ce dédain et cette paresse
» que donnent l'opulence et la faveur. Il paroît
» surprenant qu'ils s'estiment les héritiers légi-

» times des chefs-d'œuvre de la scène française.
» Assurément, ces ouvrages immortels, que les
» Rois ne sauroient payer, appartiennent de
» droit à la nation, et ne peuvent appartenir
» qu'à elle.

» Si *Corneille* revenoit au monde, il lui fau-
» droit quatre-vingt-dix années pour faire jouer
» son théâtre; car il faut être très-heureux pour
» savoir placer une pièce tous les trois ans.

» Un des moyens de réveiller en eux (les comé-
» diens) les talens et les soins qu'ils négligent,
» seroit d'établir une concurrence qui seroit
» très-favorable au public et à l'art. Tout pri-
» vilége exclusif est, en tout genre, une faute
» énorme en politique. »

Cinq ans avant que cette opinion fût impri-
mée, en 1768, un livre sur les *Causes de la déca-*
dence du goût au Théâtre, en réfutation d'un
écrit de *Diderot*, contenoit le tableau du désordre des comédiens, de l'oubli de leur devoir :
on y ruinoit leur fausse importance, leur prétention à rester en compagnie de sociétaires,
leur droit d'avoir une salle en propriété, leur
monopole exclusif des ouvrages, et leur possession usurpée des chefs-d'œuvre du génie français.
On leur reprochoit leur mauvais jugement aux
lectures des pièces, et particulièrement leur refus
de l'*OEdipe* de *Voltaire*, et de sa *Mérope*, qui
n'eût jamais été jouée sans les réclamations réité-
rées de la célèbre *Dumesnil* : on provoquoit

déjà le gouvernement à les mettre en direction,
et à fonder *un second théâtre* tragique et comique, non à titre de succursale, mais en parité
pleinement égale au premier.

Vers la même époque, cette demande d'un
théâtre parallèle fut puissamment motivée par
Cailhava : j'aurai occasion de rappeler son témoignage, à la suite des raisons que je développe.
Cependant, l'opinion générale, tant de fois
émise, ne hâtoit point la réforme. On revit,
après les efforts des derniers talens retirés, ou
vieillis, ou enlevés par la mort, la tragédie
pencher vers son déclin, tandis que la comédie
florissoit encore dans son plus bel éclat. Les
années amenèrent alors le début de *Talma*,
qui eut à se débattre au milieu de mille entraves
dès l'entrée de sa carrière. Chaque succès multi-
plioit pour lui les obstacles. Les droits d'ancienneté de ses chefs d'emploi autorisoient ceux-ci
à le cacher au public, dont le vif instinct avoit
soudainement accueilli sa fidélité de costume et
sa bonne diction. On pressentit qu'il ramèneroit
le goût de la vérité tragique : c'en étoit trop
pour qu'on ne l'enviât pas un peu. Ses graves
devanciers lui permettoient à peine de jouer
quelque accessoire à la scène. Les dégoûts qu'il
éprouva nous eussent peut-être privés de lui,
du moins seroit-il resté long-temps dans une
position secondaire, si le concours des littérateurs ne l'en eût retiré, si leur juste pétition

n'eût provoqué l'ouverture d'un théâtre rival de celui qu'on appeloit exclusivement le Théâtre Français. Il est bon d'extraire ici l'un des passages du rapport de *Chapelier*, imprimé par l'ordre de l'*Assemblée Nationale*, qui s'empressoit de constituer en lois les volontés publiques.

« Ce qui doit surprendre , *dit le rapporteur*
» *du comité de constitution*, c'est qu'il y ait
» une petite agrégation d'hommes qui se pré-
» tendent encore possesseurs d'un privilége qui
» leur donne la possession exclusive des œuvres
» de tous les auteurs dramatiques , et qui s'éta-
» blissant les héritiers privatifs de tous les génies
» qui ont rendu la France célèbre , veulent
» qu'ils ne parviennent au public que par eux ,
» et que tous les citoyens n'ayent pas , comme
» eux , la faculté de jouer les ouvrages drama-
» tiques dont s'honorent le dix-septième et le
» dix-huitième siècle.

» Les comédiens français soutiennent que les
» pièces de *Corneille*, de *Racine*, de *Molière*,
» de *Voltaire* et autres, sont leur propriété. »

Et le rapporteur déduit de cette prétention en termes textuels :

« Les comédiens français, après avoir long-
» temps, à l'aide d'un privilége exclusif, sub-
» jugué les auteurs dramatiques , et , par un
» étrange renversement dans l'ordre des choses,
» les avoir rendus leurs tributaires, sont devenus

» leurs adversaires , quand ceux-ci ont réclamé
» les droits que venoit de leur rendre une consti-
» tution libre. Pour prendre ce rôle , ils n'ont
» eu qu'un changement de mots à faire ; *ils ont*
» *appelé propriété leur privilège.* »

Plus loin , le même rapporteur ajoute , en
parlant des abus de leur société : « Il a fallu
» tout l'ascendant que *Voltaire* avoit pris sur
» la nation , pour obtenir qu'on jouât quelques-
» unes de ces pièces où son génie traversant un
» siècle , atteignit la révolution actuelle , et
» sembloit la prédire et l'accélérer : encore il
» n'avoit pas pu soutenir au théâtre quelques-
» uns de ses chefs-d'œuvre que nous reprenons
» maintenant, et souvent la morgue comique a
» exigé de lui des sacrifices auxquels un privi-
» lége exclusif l'a forcé de s'abaisser. »

Un décret fut rendu d'après cet acte qui té-
moigne un vœu très-antérieurement et généralement exprimé. On ouvrit la salle de la rue
de Richelieu , où brillèrent dans les principaux
rôles , en dépit des rois et des princesses du
Luxembourg, *Talma*, *Monvel* qui reparut, et
Desgarcins, tragédienne à qui l'un de nos littérateurs les plus distingués avoit doctement en-
seigné la mélodie de l'accentuation poétique.
GRANDMÉNIL, comédien peut-être aussi vrai
dans son genre que PRÉVILLE dans le sien, cessa
d'être l'inférieur en emploi de ceux dont il étoit
le supérieur en talent. Les bons doubles , *sous un*

directeur, devinrent les premiers à leur tour. Les deux théâtres, par l'effet d'une scission, rivalisèrent bientôt d'activité ; ils appelèrent de nouveaux sujets à leur aide. Les nouvelles réputations littéraires naquirent ou s'accrurent en peu d'années : MM. *Arnaud, Picard, Fabre-d'Eglantine, Andrieux, Duval, Legouvé, Chénier, Ducis* et moi, nous ne dûmes l'honneur des publics suffrages qu'au double établissement ouvert à *Melpomène* et à *Thalie*.

L'expérience a donc été faite deux fois ; d'abord sous le règne de *Louis XIV ;* depuis, sous les lois de nos jours ; et deux fois elle a réussi. Maintenant que l'autorisation formelle du Souverain en va remettre le principe en pratique, tâchons de le rendre plus profitable que celui d'une *école de déclamation* au Conservatoire de musique. Les connoisseurs avoient désapprouvé une association si étrangère à ce bel établissement. Enseignez-y l'exécution instrumentale ou le chant vocal : fort bien ! Mais ne préjugez pas qu'aucun maître soit capable de faire un bon comédien. La nature le fait naître, le théâtre le forme, et le public, le public seul le finit. Je ne pose qu'un dilemme : ou les professeurs seront d'excellens acteurs justement applaudis, ou ce seront de médiocres acteurs justement décriés. Dans la première hypothèse, ils auront une méthode appropriée à leur organisation, et l'élève auquel ils s'efforceront de l'inculquer manquera de naturel, de liberté originale, les imitera servilement, et condamné par ses facultés différentes à leur rester inférieur, il n'en deviendra que le mauvais singe. Dans le second cas, les professeurs auront de l'ignorance et des défauts : or, quel progrès pernicieux pour cette singerie de l'écolier ou de l'écolière ! L'ignorance, on le sait, est plus présomptueuse et plus dogmatique en tout que le savoir, qui se défie un peu de lui-même. Ils forceront la docilité à prendre leur pli ; ils lui transmettront leur vicieuse manière ; ils lui enseigneront leurs propres défauts, et quelquefois le corrigeront de ses plus heureuses qualités. Tantôt ils voudront mettre son organe à l'unisson du leur, tantôt ils le feront glapir, tantôt déclamer sépucralement en ventriloque. D'ailleurs quelle confiance prendra-t-il dans les leçons du matin, quand il entendra le soir huer ou siffler le jeu de son professeur ? Heureux, en se calquant sur lui, s'il n'obtient pas un même succès en pleine salle pour fruit de sa soumission ! Sont-ce des gens inhabiles qui lui indiqueront à saisir la syllabe de valeur qui est dans tous les mots, et le mot de valeur qui est dans toutes les phrases ? Tel, en raison de ses moyens, appuiera cette syllabe ou ce mot d'un ton haut, et tel autre d'un ton bas : chacun des deux pourtant aura dit juste. La pédagogie, qui voudra qu'on dise et qu'on gesticule comme elle, compassant les gestes ainsi que le débit, ne fera que des machines et des serinettes. Avant donc que de songer à former une telle école de disciples, il falloit en créer une où l'on formât des maîtres dignes de les instruire. Je n'aperçois d'autre profit à cette institution qu'un supplément d'honoraires qu'elle rapporte à l'âge mûr de plusieurs comédiens. On me permettra d'en faire abstraction parmi les choses qu'on croit utiles à l'art dramatique ; je ne vois, dis-je, dans cette réunion des deux sexes, qu'un surnumérariat au sérail des protecteurs qui leur ouvrent la lice : car ils y acquièrent moins le talent de l'exécution des drames et l'habitude de la scène, que la connoissance précoce des intrigues de coulisses. Leur jeunesse s'y flétrit, et ne s'y exerce pas tant aux élémens de la comédie qu'au jeu pervers de son tripotage.

Encore si les passions s'y pouvoient allumer dans le cœur des jeunes gens, ce ne seroit que le moindre mal : destinés à les peindre, du moins les connoîtroient-ils en les éprouvant. Mais elles s'y éteignent dès leur naissance, au milieu des sèches parodies de tous les sentimens, dans les entraînemens de l'inconduite et dans le goût d'un libertinage sur lequel ils fondent l'espoir de leur début et de leur fortune. Parmi tant de *Zaïres* et d'ingénues qui brulent de figurer dans les spectacles, il n'en est peut-être pas trois qui, plutôt amenées par l'oisiveté ou l'amour du luxe que par l'amour de l'art, n'aient

eu dans l'esprit par avance le désir d'être vues
des hommes, d'être les héroïnes des foyers, et
de se bien vendre, pour seule vocation. Est-ce
là qu'on peut jeter le germe des talens élevés,
et que les utiles leçons fructifient ?

Écartez les élèves des rassemblemens où les
gâte le commerce qu'ils ont ensemble, où ils se
détournent du travail et de l'étude par de si
basses préoccupations. Qu'ils aillent recevoir en
particulier les leçons plus profitables des bons
praticiens : qu'ils consultent *Larive*, qui leur
communiquera les traditions des anciens maîtres
de la scène dont il fut le camarade et l'émule,
l'habitude de sa belle prononciation, sa chaleur
de sentiment, et ce qu'il avoit d'exaltation che-
valeresque en ses tons et dans ses attitudes. Qu'ils
recherchent les conseils de *Talma*, qui leur dira
que ses succès devenus mémorables sont les fruits
d'une sérieuse méditation et de ses intimités
avec les hommes de lettres, les artistes et les
hommes d'État. Ce fut avec eux et dans le monde
qu'il se rendit enfin capable d'une parfaite exécution dans les deux genres, et de jouer les rôles
de *Plaute* et de *Pinto*, où son art supérieur fit
voir en lui le rival de *Garrick*. Qu'ils lui de-
mandent les secrets qu'il a recueillis dans les
fastes historiques, sur les temps, sur les caractères, sur les usages, sur les mœurs et sur les
costumes. Qu'ils profitent de ses réflexions : elles
ont perfectionné le talent exquis d'une *actrice*

qui porte son nom , et qui , trop tôt retirée du théâtre , y est encore justement regrettée. Les avis de *Lafon*, leur inspireront le débit aisé , le feu exhalant qui sied à la loyauté , à l'amour , à l'honneur des chevaliers modernes. Qu'ils interrogent l'esprit de Mlle *Mars* , ils en emprunteront la séduisante vivacité ; ils sauront qu'elle fut l'écolière de la brillante *Contat* , et comment elle s'en est rendue l'égale. Qu'ils songent que ce n'est point au conservatoire que Mlle *Duchesnois* a pris ses qualités passionnées , et que Mlle *Georges* a reçu son aplomb : celle-ci dut ses avantages à l'instruction d'une tragédienne expérimentée ; celle-là , les siens au talent d'un estimable poëte qui la dirigea. Ils consulteront les littérateurs comme les meilleurs guides dans leur carrière ; ils raisonneront avec eux sur les défectuosités , sur les beautés des pièces et des acteurs ; ils se feront du spectacle, non une partie de plaisir, mais une affaire. Ils iront peu derrière la toile , afin de mieux recevoir l'illusion de la scène et de la conserver. Ils y assisteront loin des loges où siégent la distraction, le babil et la coquetterie , et s'assiéront au parterre , à l'orchestre , près des amateurs éclairés : là , qu'ils n'étudient pas moins les qualités qu'ils veulent acquérir que les vices qu'ils doivent éviter. L'examen sévère des défauts les garantira du danger d'être copistes scrupuleux. Eux-mêmes rectifieront leurs travers en considérant ceux de leurs modèles ; ensuite, c'est au public seul à les achever ; c'est à son épreuve qu'il faut soumettre leurs dispositions exercées par l'étude approfondie de la langue, de la déclamation, de l'histoire et des passions humaines de tous les temps et de tous les états. Tant de travaux, tant de méditations indispensables leur ôteront le loisir d'énerver leur âme, leur esprit et leurs sens, dans les habitudes licencieuses, où dans les brigues des petites cotteries. Leurs facultés presque vierges se déployeront avec les forces qu'ils auront ménagées, avec des grâces que la débauche n'aura pas altérées. Les fruits d'une pareille éducation produiront en leur faveur des titres plus surs au suffrages du parterre que les permissions de paroître devant lui, signées par le caprice des chefs d'emplois.

Mais avant d'affronter les chances d'un début, lorsqu'ils se seront long-temps interrogés pour savoir si c'est l'instinct d'une réelle vocation, et non le conseil trompeur du besoin, qui les pousse à se faire acteurs ; lorsque désabusés du charme illusoire de cette profession, ils seront convaincus que c'est la dernière de toutes pour l'homme ou la femme que son habileté ne distingue point ; si leur intelligence, avertie de ce qu'elle peut, leur dit encore de franchir le pas, la prudence leur prescrit de tâter leur force sur les théâtres d'essai. Aucune théorie ne suffit pour la scène, il en faut la pratique, tant pour le degré d'élévation de la voix, que pour l'usage des mouvemens du corps, et pour la liberté de la marche sur les planches.

Les sociétés bourgeoises, où se jouoit autrefois la comédie, étoient des écoles meilleures que celle dont j'ai démontré les inconvéniens pour l'art et pour les mœurs.

Aux tranquilles époques où la paix faisoit régner dans Paris l'amour des belles-lettres, l'urbanité communicative, et les plaisirs d'une douce philosophie, l'esprit français, jaloux de ses plus nobles voluptés, cultivoit la diction des chefs-d'œuvre créés pour notre gloire. Les papiers de *Le Kain* constatent quels avantages il trouva pour son éducation dramatique dans ces salles où affluoit la bonne compagnie. Il désigne l'hôtel de Soyecourt, l'hôtel de Clermont-Tonnerre, et enfin l'hôtel de Jabac, où ses premières tentatives dans une troupe de jeunes gens, qu'il avoit fondée, lui attirèrent les regards et les générosités soudaines de *Voltaire*, qui le logea dans sa maison. Les chambrées de Jabac alarmèrent les intérêts pécuniers de la Comédie-Française qui, dès lors, avoit l'habitude de réclamer, en vertu de son privilége, qu'on lui sacrifiât toujours les intérêts de l'art. Nous la croyons plus sage à cette heure, et le temps l'a mieux informée des droits du gouvernement et de ceux de la cité. Ce jeune acteur, qu'elle rejettoit aveuglément de son sein, ne voulut pourtant pas s'éloigner d'elle. Il sentoit, il a toujours pensé que les incursions des élèves dans la province, les exposoient à se trop confier en eux-mêmes, à contracter l'accent des climats, l'exagération dans le jeu, le manque de bon goût, et l'inobservation des lois de la langue et de la bienséance, qui ne s'épurent et n'acquièrent leur dernier poli que dans la capitale. On retrouve ces principes, que *Le Kain* avoit émis, dans les Mémoires de *Dumesnil*, qui les approuve et qui les reproduit contradictoirement aux idées de *Clairon*, qui ne perdit rien dans ses voyages. L'exception ne prévaut point contre le précepte. J'opinerois aussi contre les courses des élèves durant les premiers essais de leur talent : non que je ne regarde encore les théâtres provinciaux comme très-préférables aux écoles ; du moins l'élève y devient libre de s'exercer, jour par jour, en de nombreuses représentations des pièces qu'il choisit, et dans lesquelles il ose tenter ses forces. Les lumières répandues dans les villes de nos départemens peuvent éclairer ses progrès, et le bruit de son mérite naissant peut hâter son admission dans nos murs. Je n'en disconviens pas : ce qui tient à la vérité sentimentale du débit est appréciable à tous les hommes ; partout on est saisi du touchant et du bon : il frappe surtout les habitans instruits de nos provinces, moins blasés que nos citadins sur les prestiges théâtrals. Mais je dirai que l'art y est, en quelque sorte, moins classiquement étudié, moins finement critiqué dans ses parties, et que l'élève a toujours plus besoin de bride que d'éperons. Une fois réglé, perfectionné dans sa méthode, sûr de ne pas s'engouer des faux applaudissemens, il parcourra toutes les contrées de la France, au profit de sa fortune et sans préjudice pour son art. Le devoir même l'y engage pour ranimer le haut genre dramatique, trop sacrifié à la fureur des mélodrames et des pièces lyriques. Il ira, quand il en sera digne, s'offrir en modèle aux jeunes concurrens. Alors son talent est une richesse publique dont il doit le tribut à la vive curiosité de tous les citoyens du pays. Sa présence n'appartient pas plus à la capitale qu'aux départemens dont les désirs l'appellent, et dont les suffrages sont ses nouvelles récompenses. Jusque-là, c'est à Paris qu'il est nécessaire de le fixer pour son bien. Les théâtres particuliers procuroient aux jeunes gens deux avantages : les occasions de s'essayer, et les exemples de la décence et du bon ton qui règnent dans le monde poli. Leur esprit s'y éclairoit, leur goût s'amélioroit, leurs manières devenoient plus gracieuses ; je regrette pour eux que l'opulence ait cessé de faire, à leur égard, un même emploi de ses richesses. L'utile amusement d'apprendre des ouvrages de génie, et de les jouer, eût mieux valu que le vide des grands cercles, ou que les débats des partialités qu'on y rencontre encore. Je suis pourtant loin de désirer que la manie de l'art théâtral s'empare de la ville et de la campagne, et que les maîtres de maison fassent de leurs familles autant de troupes, en écervelés Francaleu. Mais des réunions de personnes riches, qui eussent fait pour un bel art, ce que *Voltaire* faisoit à Ferney, n'auroient pas peu contribué à prévenir la décadence que le public déplore. La jeunesse s'y fût formée sans se corrompre, elle y eût pris une teinte des sentimens qu'inspire aux deux sexes une éducation élevée. Elle y eût appris plus que le métier de la scène ; elle en auroit acquis l'art élégant. Elle auroit vu de près le magistrat, le guerrier, le prince, dont elle se propose de représenter la contenance et le caractère. Elle en auroit reçu les avis directs, les éloges ou les reproches, qu'elle eût médités dans la retraite. Telles mères de famille, telles femmes, telles filles aimantes et timides lui eussent dévoilé les mystères de la nature, de la sensibilité vraie et de la candeur. Là, le temps ne s'écoule point en démarches humiliantes : on l'emploie à se recommander gratuitement par les honnêtes moyens de plaire. Là, par un contact heureux et facile entre le puissant et l'artiste, le mérite eût trouvé, pour prix de ses efforts, une protection que les grands n'accordent jamais de meilleure grâce qu'à ceux qui n'ont point à solliciter leur audience. Le ton de la bonne conversation est spécialement le ton de la bonne comédie : où le chercher, où le prendre, si ce n'est dans la fusion de tous les états, dans le frottement des esprits civilisés, et dans leur familiarité réciproque? On a vu que, même dans le genre tragique, *Le Kain* dut sa gloire à de pareils rassemblemens ; ce fut dans la bonne compagnie que *Dangeville*, que *Dumesnil*, apprirent à honorer également leur profession, par la réserve de leur conduite et par un haut talent. Ce fut au milieu d'elle que se perfectionnèrent *Bellecourt*, *Molé* et *Fleury*. Tout résumé, malgré les prétentions, malgré les vanités des salons dont je sais les petits travers, la meilleure école du goût et des bienséances est le grand monde.

Cette école me paroîtroit encore plus nécessaire aux actrices qui ne peuvent s'instruire que chez elles et qu'au spectacle. Elles n'ont pas, comme les acteurs, la possibilité de pénétrer dans les tribunaux, dans les classes d'enseignement, dans tous les lieux où parlent les orateurs. L'instruction qu'on y reçoit peut servir au comédien ; mais trop souvent les leçons des rhéteurs valent mieux, quant au fond des préceptes qu'ils donnent sur la littérature, que quant à la manière de les énoncer. S'ils les lisent, plusieurs n'ayant qu'une voix mal accentuée, et que des articulations communes,

impriment à leurs discours une fatigante monotonie ; s'ils les récitent de mémoire, il est rare
qu'une affectation académique ne les porte pas
à moduler leurs périodes uniformément arron-
dies sur un ton déclamatoire. On s'imagine entendre quelques uns de ces prédicateurs qui,
dans les transitions alternatives du ton le plus
haut au plus bas, de leur plaintive psalmodie,
enflant et atténuant leurs paroles lamentable-
ment prolongées, refroidissent la chaire de vérité, par une onction que dément leur voix ampoulée qu'on croiroit celle de l'hypocrisie. Ce
n'étoit pas comme eux, sans doute, que décla-
moient les sincères *Fénélon* et *Massillon*. Ceux
que je signalois à l'égard de la prose, débitent-ils
des vers ? Ils scandent la mesure, hémistiche par
hémistiche, et leur organe qui les chante est l'en-
nuyeux écho qui en fait ronfler toutes les rimes.

Le chant est encore plus à éviter dans la plai-
doierie des avocats : ceux-ci, en sortant des
bornes de l'accent démonstratif et délibératif,
par l'excès du ton oratoire, perdent la force
de conviction. Le moindre appareil factice,
dans leur organe et dans leur gesticulation,
dégrade un peu leur digne office. Jamais ils ne
persuadent et ne pénètrent mieux que quand
leur parole est sans apprêt, et que leur éloquence paroît n'être que la conscience du client
qui défendroit lui-même sa propre cause : c'est
là que l'imitateur doit les saisir.

Dans l'improvisation, les professeurs contractent parfois un défaut très-nuisible : car, occupé des idées que sa tête rassemble et coordonne avec plus ou moins de lenteur, celuiqui les énonce à mesure qu'elles lui arrivent et qu'il les traduit, traîne ou précipite les mots qui, plus tardifs ou plus prompts à s'offrir, tantôt se font attendre à son esprit, et tantôt affluent sur sa langue embarrassée. L'heureuse succession des brèves et des longues se trouve péniblement interrompue dans les phrases.

L'habitude de débattre des intérêts qui donnent un grand mouvement à l'âme, met au-dessus d'une telle gêne les orateurs des chambres d'Etat. Chacun, en parlant pour tous, sent qu'il plaide en partie pour sa propre famille. Ceux qui l'écoutent ou qui vont lui répondre, observent un jeu muet qui les met pareillement en action. De cet ensemble résulte, entre les interlocuteurs, un parfait accord de la voix, du geste et des attitudes. Leur concert réunit tout ce dont l'art se compose.

Le langage muet de la pantomime soutient ou remplace le langage parlé sur la scène. Développons les bienséances du maintien et de la gesticulation : l'un et l'autre ont besoin d'être étudiés pour paroître à la fois naturels, agréables et passionnés.

Chaque mouvement du corps et des traits du visage est un signe qui supplée à la parole, qui l'accompagne, ou qui la devance. Presque toujours ce signe doit la précéder : quand il vient après, il est inutile ou faux. La raison en est simple : on ne gesticule guère dans l'état de calme ; si l'on a le cœur ému, l'idée vivement conçue dans l'esprit n'attend pas l'arrangement des mots pour éclore, et tandis qu'il se forme, elle s'annonce ou se trahit et se fait deviner par le geste. Mais comme c'est l'idée qui le dirige, et qui dicte en même temps les mots pour s'exprimer, le geste et la parole ne doivent être qu'une même expression. Aussi la moindre discordance entre eux rend l'un ou l'autre ridicule. Ce n'est pas assez que l'action du corps et des traits s'accorde avec le discours, il faut que cette action n'ait rien de disgracieux, de gêné, de convulsif : il faut qu'elle se conforme au sentiment, à l'âge, au rang, à la situation des personnages , et que rien n'y semble apprêté. L'amour, le désir, la colère, le désespoir, multiplient les mouvemens ; la surprise les suspend ; la satisfaction les ralentit ; l'extrême douleur ou l'extrême joie les abat. L'orgueil, le mépris et l'ironie ne s'expriment que par les regards et par la mobilité du visage. Considérez que le maître qui commande ne déclame point, et que ses gestes sont courts et rares : car l'immobilité est un signe de la puissance. L'esclave qui obéit n'élève ni sa voix, ni ses yeux, ni son geste ; la crainte le prosterne et l'enchaîne. L'un et l'autre sont aux deux extrêmes contraires où l'on gesticule peu. Aussi les rois, les grandes princesses et les confidens, à qui l'on fait tant remuer les bras dans leurs rôles, sont mal représentés par les acteurs. Plus on captive ses poses, plus on est avare de gestes ; plus la démarche s'ennoblit, et plus l'expression de la tête se rend forte et animée. Trop de causes modifient la gesticulation pour en régler l'usage et la variété par un calcul exact qui ne feroit que des automates. Tout se renferme dans une seule maxime de Cicéron : *Omnis enim motus animi suum quemdam habet à naturâ vultum et sonum et gestum.*

La nature donne, en effet, à chaque mouvement de l'âme la figure, l'accent et les gestes convenables ; il suffit de recommander au comédien d'en éviter la multitude et l'abus, d'en assouplir les formes, de les précipiter rarement, et de les mettre en harmonie avec les passions : trop arrondis, ils ne conviennent qu'à l'art du danseur ; brusques, heurtés, et trop anguleux, ils deviennent vulgaires ; trop tardifs, ils se détachent du sens des paroles ; trop hâtés, ils les font trop attendre ; la justesse leur sied autant qu'à la déclamation qu'ils secondent par leurs effets éloquens, puisqu'ils parlent avec la voix ; de même qu'à ses accens variés, il leur faut une mesure prescrite, afin que dans leur plus violente énergie, l'art théâtral y attache encore une grâce. Ainsi que la voix, le geste est parfois sincère, et parfois dissimulé. Un exemple va me faire bien comprendre. *Cléopatre*, en offrant à son fils et à sa fière ennemie la coupe nuptiale qui doit les empoisonner, n'adoucira le féroce orgueil de son attitude et les flexions de ses bras que de façon à faire frémir le parterre : sa figure, empreinte d'une fausse bonté maternelle, lui dira qu'elle croit toucher au but de sa vengeance. Bientôt cette reine, forcée à poser ses propres lèvres sur la fatale coupe, exprimera dans son œil farouche, dans ses muscles tres-saillans, l'effroi de la mort et son approche ; tandis que penché vers elle, le visage de *Rodogune* soudain éclairée, fera saillir dans tous ses traits l'expression de son horrible surprise, et d'une main qui dénoncera le crime, portera sur le front, dans les yeux d'Antiochus la consternation et l'épouvante. On a vu d'abord la douleur et l'accusation succéder à la joie sur ces trois visages : l'horreur en saisit deux ; la mort, jointe à la rage, décolore le troisième en le défigurant : pantomime si parlante, quand elle est bien exécutée, que sans l'aide de la diction, elle glaceroit tragiquement les spectateurs.

Le geste, le port et la physionomie contribuent ensemble à inspirer la terreur et la pitié ; car l'âme n'a souvent pas de langage plus expressif que le silence. La grande péripétie du troisième acte d'*Iphigénie* n'a jamais plus d'éclat que lorsqu'elle est rendue avec toute la vérité et tout l'ensemble du jeu qu'on peut nommer l'éloquence muette : celle-ci est toujours nécessaire à l'interlocuteur qui écoute ; elle attache ses mouvemens à ceux du personnage qui parle, et elle accomplit l'illusion, sans laquelle tombe la vraisemblance. Comme elle est un des élémens les plus utiles au succès des pièces, lorsque j'osai tenter de produire un intérêt dramatique, à l'aide de deux seuls rôles, dans *Agar et Ismaël*, je craignis que, par l'inobservation du jeu muet, le fil de ma longue scène ne se rompît ; j'insistai donc principalement pour que Mlle *Humbert*, qui avoit reçu les leçons de *Talma* et de *Michelot*, les mît à profit dans la situation où je la plaçois : aussi ne détourna-t-elle en rien son attention du sujet ; le nœud se lia dès les premiers vers, grâce à l'intelligence dont elle est douée, et le public fut entraîné jusqu'au dénoûment de mon ouvrage, qui le toucha sans intervalles.

On a judicieusement conseillé aux auteurs de ne pas multiplier les personnages dans leurs drames, parce que la concordance entre les ressorts du jeu muet s'y établit difficilement. La disette de vrais talens ou leur jalousie qui les disperse, dépouille les plus belles compositions de tout leur charme : autrefois, le concours des sujets supérieurs faisoit rejaillir une splendeur mutuelle sur chacun d'eux et sur les ouvrages.

Ne rapportons qu'une preuve, tirée de la comédie, des effets de la réunion la plus rare : l'ensemble vraiment éblouissant que présenta *la Folle Journée* de *Beaumarchais*, est un de ces prodiges qu'on ne s'imagine plus, et qui mit la critique en déroute. Maintenant un pareil ensemble manque aux deux genres dramatiques, et particulièrement à la tragédie. Il arrive peu fréquemment que l'expression, je ne dis pas des figurans, mais des seconds et troisièmes personnages, réponde à celle du front et du port d'un *OEdipe* joué par notre premier tragédien, à celle du visage d'un *Rhadamiste*, sur lequel on lit en traits vivans le remords, l'amour, le soupçon, et tous les degrés de la mort si profondément écrits. N'est-on pas choqué sans cesse dans la tragédie et dans la comédie de voir l'acteur, après s'être démené de son côté, ne finir sa tirade qu'en tournant vers le parterre une immobile figure ? Le voilà désintéressé des réponses que de l'autre côté lui débite une actrice, en fendant l'air de ses bras : celle-ci retombe tout-à-coup dans une pose maniérée, en promenant des yeux distraits sur les balcons et sur les bancs où son regard semble moins solliciter les suffrages pour son jeu que pour sa personne. C'est trahir toute vraisemblance ; c'est dépouiller et briser le masque ; c'est déshabiller le personnage ; dirai-je plus ? c'est profaner l'art devant le public, autant que le faisoit la loi de Rome, qui, pour dégoûter les jeunes patriciens de leurs idoles prostituées, après chaque représentation forçoit la comédienne à s'exposer nue aux yeux de tout le peuple.

Considérez qu'un tel usage n'avilissoit pas moins les spectateurs capables de s'y plaire que les actrices. *Plutarque* raconte que *Caton* sortoit du cirque pour ne point participer à cette profanation dont il laissoit la jouissance à la populace. Cette loi porte l'empreinte de la barbarie qui se mêla toujours aux dures institutions romaines. Elle eût révolté l'esprit délicat des Grecs; mais chez les Romains, où le sévère excès d'une pudeur publique ne souffroit pas que les femmes libres montassent sur le théâtre, ni même qu'elles y fussent jouées dans les spectacles, l'ancienne comédie ne représentoit que des maisons de mérétrices, et les seules esclaves achetées en remplissoient les vils rôles. Chez nous, où le talent de la scène, exercé par les deux sexes, nous offre le tableau des mœurs de nos mères, de nos sœurs, de nos épouses et de nos filles, nous l'honorons dans l'actrice qui rehausse son art par l'honnêteté, et qui nous montre les passions ou les ridicules de nos familles avec décence. Les Français éclairés et spirituels sentent bien que l'atroce injure de cette loi cesse d'être applicable à l'état des spectacles modernes, et qu'elle anéantiroit la beauté de l'art même. Comment, en effet, une per-

sonne qui fouleroit aux pieds toutes les bienséances d'un sexe naturellement réservé, seroit-
elle susceptible d'en exprimer les délicatesses,
de nous toucher, de nous émouvoir et de nous
instruire? Je parie qu'une comédienne véritable,
loin d'aimer l'ostentation d'elle-même, jouira
de sentir que sa personne est voilée par le personnage dont elle s'est revêtue.

Aujourd'hui ce sont des femmes qui jouent
dans la tragédie où ne figuroient chez les anciens que des hommes. Elles doivent savoir
s'y transformer; elles doivent ne respirer, ne
parler, n'agir que dans leur rôle ; enfin, s'oublier totalement elle-même, et, s'il se peut,
oublier l'assemblée qui les juge. Le plus souvent,
les acteurs se font trop reconnoître à ce qui
leur échappe : ils imitent en cela le ridicule de
l'empereur *Néron* qui, selon l'historien *Sué-*
tone, faisoit donner toujours sa propre ressem-
blance au masque d'un dieu ou d'un héros,
quand il jouoit un rôle d'homme ; et la ressem-
blance de sa maîtresse au masque d'une divi-
nité, quand il jouoit un rôle de femme. Ah !
vous qui aspirez à répandre l'illusion, ne quittez
point dans vos poses, dans vos traits, dans votre
démarche, la figure qu'en entrant vous avez dû
prendre. Ne démentez pas votre maintien, ni
votre visage, ni votre caractère; ou bien vous
me forcerez à regretter les masques immobiles
de l'antiquité, qui du moins en leur roideur

conservoient la même apparence pendant le drame entier. La face de *Niobé* m'auroit montré toujours sa désolation, celle d'*Hercule* ou d'*Ajax* leur force héroïque, celle d'*Achille* sa fierté ; celle d'*Hippolyte* sa chaste vertu , celle enfin de *Médée* sa rage dénaturée. La physionomie du vieillard ne se rajeunissoit pas à l'improviste : la cupidité de l'usure et de l'avarice restoit gravée dans les rides d'*Euclion* ; et sur les lèvres grossières du libertin , je revoyois la lubricité du satyre flétri.

Les choses que rapportent *Cicéron* , *Quintilien* et le plaisant *Lucien* sur les diversités des masques , et sur la hauteur inégale du cothurne ou du brodequin qui distinguoient les deux genres dramatiques , fournissent de curieux détails à l'appui de cette instruction. On y remarque d'une part leurs louanges à la fidélité des imitations sur laquelle il faut se modeler ; et de l'autre part , leurs railleries de toutes les difformités , railleries qui avertissent le comédien de s'abstenir , en contrefaisant , des signes outrés et des grimaces. Ce qu'ils disent des accessoires tragiques enseigne que *Melpomène* veut une haute accentuation qui tende au grand et à l'extraordinaire : ce qu'ils disent des accessoires comiques démontre que *Thalie* exige une articulation de voix et de geste plus marquée , plus saillante que celle de l'usage ordinaire. On y voit de plus que la tragédie étant la nature choisie et élevée, la pantomime doit en être grave, pathétique et forte; que la comédie étant la nature commune, la pantomime doit en être vive, enjouée et simple; enfin, qu'il ne faut pas, à l'exemple du poëte *Livius Andronicus*, séparer la déclamation de l'action, mais tâcher d'unir au ton de *Roscius* la justesse mimique de *Bathyle*, qui sut tout dire par les poses, le mouvement et la physionomie.

Recueillez aussi les conseils du fameux SHAKESPEARE : ce poëte caractérise le devoir de l'acteur dans les avertissemens que le prince *Hamlet* adresse à celui qu'il amène dans sa cour :

« Dans le torrent même des accens passion-
» nés, dans le fort de leurs tempêtes, vous devez
» assez conserver encore de modération et de
» calme pour en adoucir l'explosion. — Cet
» *Hérode* de théâtre enrichit sur *Hérode* même,
» et veut paroître plus furieux que lui. — Pro-
» portionnez l'action au discours et le discours
» à l'action. — Ce qui s'écarte des règles de la
» décence naturelle s'écarte du but de la repré-
» sentation dramatique, but qui fut dès son
» origine, et qui est encore aujourd'hui, de
» tenir un miroir offert à la nature, de montrer
» à la vertu ses véritables traits, au ridicule sa
» fidèle image, et à chaque siècle, à chaque
» époque du temps, sa forme, sa couleur et
» son empreinte. » *Hamlet* avertit le comédien

que l'exagération ou l'affoiblissement des effets plaît aux ignorans qui ne veulent que du bruit, et qui ne goûtent autre chose que des pantomimes inexplicables : mais que la censure des hommes judicieux doit, dans son opinion, l'emporter sur la critique de la foule des autres. « Il y a des acteurs que j'ai vus, dit-il, et que » j'ai entendu vanter à outrance, qui n'avoient » ni l'accent ni la démarche d'un chrétien, ni » d'un païen, ni d'un homme, et qui s'en- » floient et mugissoient d'une si horrible ma- » nière, que je les pris pour quelques simu- » lacres humains grossièrement ébauchés. »

En songeant que dans l'âge de l'enfance de l'art cette leçon de *Shakespeare* fut tracée, on s'étonneroit de la supériorité de sa raison, si l'on ignoroit que la cour d'*Elisabeth* fut le mouvant tableau sur lequel son génie agrandit ses vues et les affermit.

Pour mieux conformer la pratique à ses préceptes, *William Cooke*, auteur anglais d'un Examen critique du Théâtre, indique, après la lecture des livres classiques de la littérature et de l'histoire, nécessaire au perfectionnement de l'esprit, les exercices gymnastiques, tels que les armes, la paume et la danse, pour les beaux développemens et le gracieux dessin du corps. Ces exercices délassent l'intelligence : on ne peut lire, apprendre et méditer sans cesse; les occupations trop sédentaires affoiblissent les organes, que répare l'activité corporelle. Leur épuisement ravit la beauté, la santé, deux choses si précieuses aux comédiens ! Ils ont, plus que personne, le besoin de se dire ce qu'à ce sujet me disoit bonnement le poëte *Ducis :* « Mon ami, je prends soin de moi ; mon corps » est ma lyre. »

Ce que les beaux-arts s'empruntent réciproquement n'est jamais perdu pour eux, ils se le rendent. Les uns communiquent aux autres les moyens relatifs de leur perfection dans un commerce mutuel ; ils se tiennent tous par la main. Est-il une chose plus propre que l'optique théâtral à fournir au peintre une variété de compositions mieux réglées, et au statuaire de plus nobles groupes que les aspects vivans de la scène ? Est-il aussi quelques meilleurs modèles de formes, d'expressions, d'attitudes choisies, qui puissent inspirer à l'acteur le goût du beau et du grand, que les images respirantes de l'*Apollon* et de la *Diane* antique, du *Laocoon* et du *Gladiateur mourant ?* En est-il de plus admirables pour lui que les scènes pathétiques des tableaux de *Raphaël* et du *Poussin ?* La pureté régulière des personnages, leurs heureux enlacemens, leur action naturelle, et les justes plis de leurs draperies, offrent mille objets utiles à son imitation. Mais imitez le sentiment et non les choses. Si vous copiez strictement à la scène les positions et le drapé des figures dessinées ou sculptées, l'artiste, cherchant au théâtre le naturel que vous aurez perdu, se dira : « *Ce ne sont* » *pas là des hommes, mais des statues mou-* » *vantes.* » Si le peintre, à son tour, transporte sur la toile vos mouvemens trop académiques, cette symétrie altérant la nature à vos yeux, vous vous direz : « *Son tableau a de l'affecta-* » *tion théâtrale.* » Ne recherchez dans les arts que ce dont le vôtre a besoin, et retenez-le dans ses limites. Gardez-vous aussi de vous empêtrer dans les complications des formules de la théorie : il ne faut prendre d'elle qu'autant que l'esprit doit emprunter de l'érudition pour ne pas surcharger sa marche.

En résultat des divers principes qui auront façonné le comédien, qu'il consulte son âme, qu'il l'écoute, et qu'il lui obéisse : elle exaltera sa chaleur, son intelligence ; elle maîtrisera sa voix, son corps, ses pas, et le gouvernera tout entier mieux encore que la force des préceptes.

Baron disoit, relativement à ceux du geste : « Les règles défendent de lever les mains au- » dessus de la tête en déclamant ; mais si » l'âme le veut, si la passion le fait faire, cela » peut être beau. » Un exemple, qui me frappa dans mon adolescence, m'a prouvé qu'il avoit raison. J'ai vu *Brisard*, jouant *le vieil Horace :* à la nouvelle de la fuite de son fils, lorsqu'on lui demande ce qu'il vouloit *qu'il fît contre trois,* poussé tout à coup par un feu extraordinaire, et levant sur sa tête ses deux bras tendus et ses deux mains irritées, il cria :

Qu'il mourût !

Ce mot partit comme la foudre, tandis que son geste sembloit l'agrandir par un élan sublime. Jamais effet ne fut si plein, et l'enthousiasme accabla *Brizard* sous le bruit d'unanimes applaudissemens. Voilà de ces coups d'inspiration qu'il est dangereux de tenter. Ces traditions-là sont des hasards du génie. Tenons-nous-en à modérer, dans les acteurs, la surabondance des mouvemens continus qui épuisent le souffle et qui l'éteignent ; et prémunissons-les contre le ridicule de la fausse gesticulation, qu'un vieux adage cité par *Lucien*, nommoit *le solécisme de la main.*

Je n'ai plus à prescrire aux élèves que de bien cultiver leur mémoire. *William Cooke*, dont l'ouvrage est rempli d'excellentes vues, finit par leur démontrer que la mémoire est la base de la sûreté des effets théâtrals, que la moindre hésitation du souvenir, la moindre alarme de l'esprit, qui cherche les mots ou qui les perd dans ce dépôt des termes et des pensées, leur ravit la voix, la contenance, les dérobe à leur rôle, et les arrache à leur propre illusion, qui les transportoit, les enlevoit, les plaçoit dans l'âme du héros, du poëte, et hors d'eux-mêmes ;

car, leur dit-il ingénieusement, *le souffleur ne souffle point la passion.*

Je me borne à ces considérations qui, peut-être, ne seront pas sans fruit pour les acteurs destinés à déployer leur zèle sur un nouveau théâtre, et dont l'émulation voudra se rendre digne d'être les interprètes du génie tragique et comique. Les difficultés de l'art, l'éminence des principes que j'expose, la sévérité des lois du goût sur la déclamation et sur le jeu, me paroissent moins des raisons de crainte pour eux, que des motifs d'indulgence pour le public et pour les hommes lettrés, par lesquels je ne doute pas que leurs efforts ne soient favorablement accueillis.

L'opinion générale est prononcée : cette opinion dont j'ai rappelé, dans mon écrit, les vœux proclamés depuis un demi siècle! Cette opinion, à qui les chefs éclairés cédent à la longue, parce qu'ils savent que ses désirs n'ont point de durée quand ils ne sont point raisonnables ; elle qui n'en obtient jamais l'accomplissement qu'avec lenteur, parce qu'il faut que le temps prête plus de force à sa voix, qu'il ajoute une plus grande évidence à l'utilité des objets qu'elle réclame, et qu'il lui fasse trouver, en marchant à son but, une puissante volonté qui la soutienne et la protége ; cette opinion, dis-je, forte d'un acte de l'autorité suprême, s'appuie aujourd'hui sur les déterminations précises du gouvernement.

Tous les défenseurs du goût, tous les partisans de l'art dramatique, le concours de tous les écrivains sensés; enfin, tous les échos de l'opinion ont, d'un accord unanime, témoigné leur contentement du retour d'une concurrence qui, tout à la fois, arrêtera la dégradation de notre littérature théâtrale, et enrichira la moitié de notre première ville.

Les littérateurs espèrent de plus, qu'une souveraine JUSTICE révoquera l'usurpation des produits lucratifs du génie national. et que les enfans des auteurs posséderont enfin l'honorable héritage des travaux de leurs pères. Oui, par l'effet d'une équitable restitution, nous cesserions de voir les familles des grands écrivains, réduites à solliciter l'aliment de leur vie. Une loi provoquée assurera leur subsistance sur les sommes prélevées dans les recettes, à chaque représentation des anciens ouvrages, à l'instar de celles qui sont allouées en droit aux auteurs vivans des pièces nouvelles. Même à défaut d'héritiers, les rétributions provenant du vieux répertoire, versées dans une caisse publique, formeront un fonds de pensions disponible pour les besoins des littérateurs et des acteurs en retraite, qui les auront secondés. Ainsi les lettres nourriront noblement les lettres; et les hommes à talent seront fiers que, du fond de leur tombe, *Corneille*, *Molière* et *Racine*, leur tendent la main pour les secourir au déclin de l'âge. Puisse un tel souhait, bientôt réalisé, nous faire mieux évaluer les richesses de l'esprit français !

Les domaines si précieux de *Melpomène* et de *Thalie* ressembloient à de grandes terres négligées et prêtes à tomber presqu'entièrement en friches, sous l'incurie des mains paresseuses dont le trop petit nombre ne suffit plus à les cultiver. Notre gloire et l'active industrie leur en disputoient depuis long-temps la possession exclusive : néanmoins on ne les enlève pas à leur jalousie, on ne les arrache pas à leur blâmable insouciance, qui les laissa se hérisser de tant de ronces, de tant d'épines, que nous ne pouvons plus les parcourir ; mais on veut qu'elles fructifient de nouveau par le travail ; on en partage le labeur, en leur associant des bras moins oisifs, qui sauront y faire renaître les fruits du génie et des palmes à cueillir. J'augure qu'on n'aura pas lieu de redouter la rigueur du public envers ceux qui tenteront les premiers efforts. Lui-même fécondera les germes naissans heureusement semés ; il n'étouffera pas les jeunes plantes : au contraire, il étaiera leur foiblesse ; il les garantira des souffles envieux et des orages qui s'élèveroient pour les briser, et n'en exigera pas subitement la vigueur et la beauté que le temps seul promet à son espérance.

La carrière vous est rouverte, talens déjà formés par l'expérience acquise dans Paris ou dans nos autres villes ; et vous, élèves qui leur serez

unis, le public, cette fois, deviendra votre maître.
Ce juge infaillible du vrai, du bon et du beau,
vous guidera mieux que les systèmes de vos professeurs. S'il vous en faut encore, pour la perfection de la langue, de la prosodie et du raisonnement de vos rôles; ce public du quartier
des études, vous amènera ceux de nos Univer-
sités, de nos Corps littéraires, de nos Facultés
de médecine et de droit, et toute la studieuse
jeunesse qui les fréquente. Ce public ne vous
découragera pas dès l'abord, et son attention
favorable épiera vos progrès qui, peut-être,
avant deux ou trois années, lui procureront
de parfaits plaisirs. Votre parterre, peuplé
d'hommes instruits, comme celui qu'éclairoit
jadis *le café Procope*, ne s'ouvrira plus facile-
ment aux cabales. Ses suffrages, accordés ou
refusés par le savoir et par le bon goût, vau-
dront mieux que ce bruit, flatteusement trompeur ou méchamment injurieux, qui résulte
aujourd'hui de la seule tactique des applaudissemens ou des murmures payés. Les acteurs
n'auront plus besoin que de chercher à plaire,
en concentrant leur intelligence dans leurs rôles.
Ils resteront présens à la scène, et non présens
dans la salle, où leur esprit et leurs regards
surveillent sans cesse les amis et les ennemis.

Quoi de plus ridicule et de moins théatral que
le comédien, que la comédienne qui du haut
du PULPITUM dirigent et font marcher de l'œil

et de la main en capitaines les petits pelotons
qu'ils ont rangés sur les files de l'orchestre et
du parquet, et qui n'attendent la victoire que
des forces enrégimentées à leur solde, pour faire
hardiment un *feu de claques* sur les bataillons
de leurs adversaires qui les percent de sifflets
quand leurs batteries sont bien dressées ! Le pied
de guerre s'est de jour en jour accru : maintenant les troupes de débutans et de débutantes
ne marchent qu'accompagnées de leurs troupes
de cabaleurs, qu'une bonne police devroit mettre
en fuite. Ce jeu frénétique a remplacé le jeu
dramatique : il n'a pourtant illustré ni acteur ni
écrivain. Ce sont les brigues des comédiens qui
ont commencé à le mettre en vogue : la nécessité
de défendre leurs ouvrages du danger de ces
chocs l'a introduit parmi quelques auteurs qu'ont
entraînés les frayeurs de leur amour-propre :
enfin, ce qui me paroît plus fatal, il a passé
dans *l'esprit de parti* qui, à diverses époques,
plus furieux, plus destructeur des lois de l'art,
faisant consister le génie durable dans les allusions
du moment, dans les à propos de circonstances,
écrase le meilleur, élève le pire, et peut fermer
tout accès à la moralité dramatique et à la saine
littérature, elle qui doit rester étrangère aux
passions de la discorde et mépriser les succès
éphémères que proclame son aveugle emportement. Qu'est-il resté de ces solennelles farces
démagogiques des écrivains favoris de nos *décem-*

virs qui les croyoient immortels, et qui se fai-
soient de la scène un point d'appui de leurs
maximes? Si le théâtre devient une arène politique, la littérature est morte.

Il est temps que la raison mette le plus beau
des arts à l'abri de tels excès, et que l'acteur
comme l'auteur soit applaudi pour son seul
mérite.

Un des plus simples moyens d'atteindre à ce
but désirable dépend des dispositions prescrites
aux constructeurs de la salle. Outre la dimension
convenable à la portée de la voix qui ne sort
jamais de l'accent vrai sans alourdir chaque
phrase, chaque vers, par un râlement insuppor-
table, et sans perdre toute justesse de sentiment,
et sans arriver en sons indistincts à l'oreille;
outre son étendue relative au jeu mimique du
visage, jeu dont les nuances plus fines que les
inflexions du discours se ternissent ou s'effacent
aux yeux des spectateurs trop éloignés, l'intérêt
de l'art exige que les loges soient dégagées des
colonnes qui les séparent, et cessent d'être cloi-
sonnées. Leurs recoins ne serviroient plus de
retraite aux ris et aux caquets bruyans, ni de
cachette aux partialités perfides : leurs cintres
demeureroient ouverts à la décente inspection
que les regards des personnes rassemblées exer-
cent mutuellement les unes sur les autres : leurs
contours parés des rangs de l'élégance offriroient
un plus beau coup-d'œil, feroient mieux converger

l'attention générale sur le spectacle; et ses grands effets frapperaient d'une force plus électrique la chaîne de tous les bancs gradués en un triple amphithéâtre, où le public, observant le bon ordre, deviendroit le surveillant de lui-même.

Il seroit encore avantageux que l'emplacement du parterre fût partagé d'un côté à l'autre en deux parties inégales, que ses deux premiers tiers, derrière l'orchestre, contînssent les spectateurs assis; et que son dernier tiers, attenant au cintre du fond, contînt des spectateurs *debout comme autrefois.* Cet étroit espace renfermeroit un double nombre d'hommes, qui s'y placeroient à un médiocre prix, plus accessible aux jeunes étudians qui, quoique privés d'argent, ne le sont ni de lumières ni d'amour de la bonne littérature. Une pareille disposition renouvelleroit au théâtre cette puissance d'enthousiasme éclairé qui donna tant d'éclat aux réputations des premiers chefs-d'œuvre.

Un autre soin indispensable à prendre, c'est de fermer l'intérieur de la scène à la foule des curieux et des oisifs qui en obstruent les couloirs. Le poëte dont on joue la pièce doit lui seul y pénétrer. La présence des gens inutiles multiplie les embarras des machinistes et les distractions des comédiens: elle fait circuler partout l'intrigue et la malignité qui fomentent leurs mutuelles tracasseries, ou qui viennent les épier pour en faire l'aliment de mordans sarcasmes par les-

(92)

quels on déchire, avant le premier acte, le héros
ou l'héroïne qu'on a vus se peindre de rouge et
de blanc dans la coulisse. Au lieu de songer à la
majesté de l'empire menacé par *Cinna* dans sa
personne, *Auguste* demi-vêtu demande aux
étourdis qui lui forment une cour, ce qui se
passe de nouveau dans Paris : désoccupée de son
rôle, *Andromaque*, au sortir d'un corridor, vient
rire devant le miroir du foyer : et déjà quelque
anecdote chuchotée au moment de son apparition en scène égaie les amateurs à ses sermens
d'éternelle fidélité. Là, de jeunes seigneurs ca-
jolent *Iphigénie*, et lui font manquer son entrée ;
tandis qu'un plaisant voit *Achille* en courroux
contre un costumier : ici, un auteur, pour la
lecture ou la répétition de sa pièce, importune
Burrhus devenu semainier. Qu'en résulte-t-il ?
la toile se lève, et d'avance le prestige est
tombé. Les acteurs sont des objets d'illusion : les
connoissez-vous personnellement, leur approche
vous est-elle familière, hé bien, les héros qu'ils
représentent s'évanouiront dans la pensée que
vous avez de ce qu'ils sont. Vous n'êtes plus susceptible que de juger froidement leur plus ou
moins d'habileté à se contrefaire. Ne les avez-vous
jamais vus de près, ils vous étonnent, vous
éblouissent : vous ne critiquez plus si minutieusement leur toilette et leur jeu. Ils deviennent
pour vous des êtres imaginaires, qui vous frappent
des seules impressions de leur personnage. Ayez

donc la prudence des anciens; plus jaloux des plaisirs que leur procuroient les charmes trompeurs du spectacle, ils cachoient les désordres du PARASCENIUM à la curiosité de la multitude.

S'il est vrai que l'imagination, pour éprouver des jouissances vives, ne doive jamais être détrompée, il ne l'est pas moins que le public exige, pour se montrer satisfait, qu'on ne trompe point son attente. Il est loin d'espérer que l'ouverture du nouveau théâtre lui offrira soudain le rassemblement des talens parfaits qu'il regrette, et qui n'ont pu se perpétuer; il sait qu'il n'y a point de baguette magique à la main d'un directeur qui, disposant du génie comme du ressort des décorations, fasse à l'instant lever et reparoître des *Le Kain*, des *Dumesnil*, des *Clairon*, des *Dangeville*, des *Préville* et des *Molé*; mais il n'admet point les faux raisonnemens par lesquels on veut lui persuader que puisqu'il n'existe plus assez de bons acteurs pour compléter une seule troupe, on ne sauroit en trouver pour la formation de deux. Erreur! C'est parce que la carrière étoit fermée aux émules capables de se distinguer; c'est parce qu'un privilége et les brigues d'une école de déclamation leur opposoient trop d'obstacles; c'est parce que la médiocrité ne protége que la médiocrité plus foible qu'elle; c'est parce que le découragement abattoit le zèle humilié, que l'art a dégénéré si rapidement. Laissez , laissez faire la Nature qui n'est jamais lasse de produire , et vous verrez renaître les talens. La lice , une fois librement ouverte , des concurrens ignorés ou méconnus se hâteront d'y essayer leurs forces ; des rivaux se présenteront dans cette lutte , et le temps enfin désignera ceux auxquels devront être justement décernés les prix des jeux scéniques.

Voilà ce qu'attend le public de l'entrée des Muses tragique et comique dans le nouvel asile qu'on leur consacre : il s'attend à les accueillir ensemble ; et peut-être si l'on abusoit son espoir par quelque demi-mesure , puniroit-il *Thalie* d'oser prendre le pas sur sa sœur, à dessein de profiter seule des premiers empressemens de la curiosité ; il la soupçonneroit de chercher, en retardant un peu l'apparition du cothurne de *Melpomène*, quelque prétexte adroit de l'éconduire inopinément ; et, plein d'une juste colère, il feroit craquer les minces brodequins qu'elle voudroit chausser sur les planches où doit marcher la tragédie avec la haute comédie. Qu'elle y pense bien : ce n'est point pour y placer de petits tréteaux qu'on lui rebâtit un grand palais.

Mais *Thalie* prendra conseil de l'aimable et spirituel directeur qu'elle a tant favorisé ; sa prévoyance la détournera de cette pernicieuse envie : il lui payera généreusement les succès nombreux qu'il dut à ses bonnes grâces, en lui

rendant le bon service de garantir à son théâtre,
qu'enrichiront les deux Muses, un durable bé-
néfice de doubles chambrées. Quelle que soit l'im-
portunité des intérêts particuliers dont la souplesse circule autour de lui, l'intérêt général
des écrivains dramatiques l'emportera. L'ordonnance du roi, rendue d'après le cri de l'opinion,
ne sera point frauduleusement éludée. Est-il
un homme qui n'enviât de joindre à des titres
littéraires bien acquis l'honneur d'attacher son
nom à la fondation d'un établissement aussi
lucratif que théâtral ?

Eh! qui se prétendroit le droit de réclamer
contre une partie quelconque de l'exécution
d'une si belle entreprise? et par quels argumens
mille fois rebattus voudroit-on le faire? N'ont-ils
pas été déjà tous réfutés victorieusement depuis
cinquante années, et dernièrement encore par
les commissions des littérateurs ?

Les personnes qui doutent encore de l'utilité
des deux théâtres concurrens, malgré la première épreuve, si heureusement faite sous
Louis xiv, objectent que la sagesse de ce
prince jugea plus avantageux de les réunir en
un seul. Serons-nous contraints à fouiller dans
l'origine des choses? On trouve dans une Epître
datée de l'an 1715, contenant un précis des
variations de la Comédie Française, qu'un
comédien, nommé *Brécour*, deux fois coupable
d'homicide, deux fois protégé contre l'arrêt de

la justice , commit un troisième meurtre , **et**
que, n'espérant plus de rémission , il s'enfuit à
La Haye. Un message que lui fit passer *Louvois*,
à qui son audace et son adresse étoient connues,
le chargea d'enlever secrètement un homme qu'il
vouloit perdre. *Brécour* sut lier amicalement
commerce avec la victime désignée, et lui tendre
un piége : le coup manqua ; mais ce ne fut point
la faute de son zèle ; et *Louvois* récompensa ses
mystérieux services en le rappelant en France,
et en le faisant rentrer dans la troupe des comédiens du roi, qui, sur la demande du ministre,
le gratifia d'une demi-part dans les pensions qui
leur étoient réparties. Ce don excita le mécon-
tentement de ses camarades, frustrés de la somme
qu'il avoit obtenue. Mais lui, soigneux de les
consoler d'une détresse passagère que le public
leur faisoit subir, leur suggéra l'envie d'asso-
cier leurs intérêts à ceux de la troupe rivale ;
et pour se réconcilier avec la sienne, offrit de
solliciter du roi l'autorisation nécessaire. Cependant, comme il redoutoit que sa demande ne
déplût au souverain qui avoit vu fleurir la concurrence sous ses auspices, il profita d'un inter-
valle où de plus graves affaires l'occupoient, et
présenta le placet des acteurs à la Dauphine.
LOUIS XIV, instruit de sa démarche, s'en offensa
de telle sorte, qu'il laissa la princesse libre de
régler les prétentions des comédiens, et déclara
qu'après leur ingratitude envers ses bontés, il les

abandonnoit à leur sort. Peu de jours après fut opérée la réunion, de laquelle descend *le Théâtre-Français*. Elle n'eut donc pour seule cause qu'une permission extorquée par l'intrigue d'un misérable dont le crédit se fonda sur la mission d'un perfide et noir espionnage. Conséquemment, pour défendre l'unité de la comédie française, à qui les détails de ces faits, consignés dans la longue Épître que j'ai lue, ne sont peut-être aujourd'hui révélés que par l'effet de mes recherches, on ne doit plus invoquer l'opinion du monarque qui ne s'intéressa point à sa concentration.

Autant on nous alléguera de raisons contre l'efficacité du bienfait des deux théâtres, autant nous en produirons de plus fortes à opposer contre elles. Les comédiens français auroient tort de s'irriter d'une concurrence, et d'en craindre la diminution de leur richesse : nous leur présageons même que la rivalité l'accroîtra. Tout leur prouve que leur privilége, en désaccord avec les lois actuelles, causa les abus qui ont fait leur mal, et qu'en l'abolissant on a fait leur bien. Plus ils sentiront que la dénomination de *second* théâtre ne veut pas dire *secondaire* n'étant que numérique, et qu'avec le temps, celui qui resteroit vraiment le premier des deux seroit le meilleur, plus, dis-je, l'émulation les poussera, les aiguillonnera ; car ils se convaincront qu'ils doivent, en se réveillant de leur lé-

7

thargique apathie, conserver une supériorité glorieuse, ou se maintenir du moins dans une honorable égalité avec les talens qui naîtront. Peuvent-ils soupçonner la sincérité de mon langage? Ai-je le moindre intérêt à les piquer? Ai-je jamais mis une puérile importance à mes légers droits littéraires, et me suis-je fâché sérieusement qu'ils ne les aient pas mieux respectés? Me montrai-je jamais pointilleux sur les déférences? N'ont-ils pas la plupart de mes ouvrages? Ne m'ont-ils pas formellement promis d'en jouer cet automne un nouveau? Quoi! n'aurois-je pas plutôt sujet de les ménager, de peur qu'en un accès de dépit enfantin ils ne manquassent à l'engagement qu'ils ont contracté de ne me plus faire aucun passe-droit? Ils n'ignorent point que nulle chose personnelle n'agit sur moi, tant je sacrifiai toujours mes intérêts propres au devoir de déclarer les vérités salutaires. D'ailleurs, pourquoi seroient-ils blessés de mes argumens, puisque ce furent les leurs à l'époque où l'unité privilégiée de l'ancienne *Comédie Française* les opprimoit; puisque je leur répète ce qu'ils lui dirent eux-mêmes pour la diviser en deux sociétés, et décider la scission favorable à laquelle ils doivent leur fortune présente? Je ne leur tiens que les discours qui sortoient alors de leur bouche, et qui furent appuyés des réclamations de tous les écrivains auprès de l'Assemblée Nationale.

Ne sait-on jamais être juste qu'en attaquant autrui !

Du reste, s'ils récusent la valeur et la bonne foi de mon opinion, après les éclaircissemens que je donne au public, je les prie, en m'épargnant la peine d'une nouvelle rédaction des avis qu'on a tant de fois bien rédigés, de parcourir le traité que fit imprimer *Cailhava* sur l'art de la comédie. L'extrait que j'en rapporte à la suite de ceci leur confirmera la puissance des motifs qui déterminèrent ce littérateur à provoquer la création d'une seconde troupe, plus de quinze années avant la révolution politique de la France. *Cailhava* démontre avec clarté qu'en remettant à des répertoires utilement rivaux l'exécution des chefs-d'œuvre du génie national, on n'attente point aux droits du seul théâtre qu'on appelle pompeusement celui de la nation, puisque ce n'est point un petit nombre d'acteurs successivement remplacés qui le constitue ; mais qu'en effet *le vrai Theâtre de la Nation* ne consiste que dans les ouvrages immortels de notre littérature dramatique des deux genres. Cultivez mieux cet inépuisable fonds d'un patrimoine qui appartient à la France entière ; déployez-en l'étendue à l'admiration des étrangers ; offrez-en toutes les productions à leurs yeux ; ne leur laissez pas croire que la monotonie est le caractère de notre déclamation ; ne leur fournissez pas matière à vanter la supériorité de leurs drames sur nos œuvres classiques. Jamais les compatriotes de *Sophocle* n'ont subi ce désavantage devant aucun autre peuple ; et ceux de *Corneille* et de *Molière* ne veulent pas non plus être vaincus dans l'art qui les honore. Défigurer les Muses françaises, c'est nous exposer, pour ainsi dire, *à une défaite de l'esprit ;* et Paris ne veut pas plus perdre de ces batailles-là, qu'Athènes n'en perdit dans l'Univers, et depuis tant de siècles !

Faites donc mieux valoir les ressources du dépôt qu'on vous confia, et les offres nouvelles des auteurs, dans le quartier mouvant et populeux où vos efforts combattront l'invasion du mauvais goût, que répand le voisinage des jeux, des tavernes, des sociétés évaporées, et des spectacles subalternes ; de leur côté, vos concurrens puiseront dans le même trésor, sur le terrain tranquille d'où *Le Kain* vit à regret la vieille tragédie et la vieille comédie exilées.

Je vous prédis que vous n'en essuierez aucun dommage. Irai-je plus loin ? Oserai-je vous assurer que vos règlemens de société vous sont aussi préjudiciables qu'ils sont contraires à l'ordre général ? Vous affirmerai-je que les nations les plus sages ont considéré les administrations de spectacles, comme des dépendances du ministère public, comme des attributions d'une préture suprême ; et qu'en définitive, une sévère direction vous conviendroit mieux et serviroit mieux les belles-lettres, que votre législation privée? Qu'est-ce? vous courroucez-vous à la seule idée d'une *direction?* Soit!...... je m'arrête. Si la compagnie du Théâtre-François m'alloit dire, qu'aveuglé de quelqu'humeur, je me soulève contre son profit : eh ! n'aurai-je pas lieu de lui répondre ce que répliqua *Voltaire*, à un acteur qui, surpris de la chaleur de ses conseils, l'accusoit de se mettre en colère : « *Vous vous* » *trompez : je ne me fâche pas contre vous,* » *mais pour vous.* »

Que les comédiens suivent donc sans trouble, et surtout sans envie, une carrière où l'opulence et la célébrité récompensent aujourd'hui les grands talens avec honneur ; et qu'ils se persuadent bien, que depuis les premiers emplois jusques aux derniers, il n'en est point où, par une bonne diction et par un bon maintien, on ne fasse estimer son mérite.

Appelés à jouer le meilleur genre, s'ils remplissent bien leur devoir, ils n'auront plus à gémir de voir la foule se porter aux *mélodrames*, aux *pantomimes*, où tant de frais et de soins sont employés à charmer le peuple ; au *Vaudeville*, où tant d'esprit fut dépensé par nos plus malins chansonniers ; aux *Variétés*, où la naïveté grotesque arracha si souvent le rire des gens les plus graves. La multitude s'y amuse, parce que ces théâtres en leur espèce font du mieux qu'ils peuvent pour l'attirer. Je ne suis point de ces rigoristes qui veulent qu'on lui choisisse ses plaisirs , et qu'on enchaîne telle ou telle sorte d'industrie. Je souhaite seulement que nos *Muses* , toujours distinguées , gardent leur primauté sur *Momus*.

Quant aux deux Théâtres-Français , il faudroit effacer entre eux jusqu'à la moindre trace de prééminence ; et dans cette vue je soumets aux lumières de l'autorité la proposition de changer les noms qu'ils portent, et de remplir par là l'un des plus nobles vœux qu'on ait exprimés.

Quelques citoyens épris de notre gloire littéraire ont invité les Français à souscrire chez nos principaux banquiers pour qu'on érigeât un monument au père de la comédie. Quel hommage plus digne de lui que de faire entrer les sommes déja versées par les souscripteurs dans les dépenses de l'établissement qui va s'ouvrir, et que de le consacrer à son génie, en nommant ce nouvel édifice THÉATRE DE MOLIÈRE, tandis qu'on nommeroit l'ancien, THÉATRE DE CORNEILLE. Ces deux titres rappelleroient sans cesse leur haute destination aux acteurs et aux spectateurs.

A l'avenir, les sujets des deux premières troupes, formés par les leçons du public, deviendroient capables de lui rendre ce qu'ils en auroient reçu, et contribueroient à le former lui-même.

La perfection du débit théatral comprenant dans ses variétés étendues toutes les espèces de déclamation, le Professeur, l'Avocat, le Député du peuple, et tous les organes d'un gouvernement représentatif, ne dédaigneront pas d'aller à cette attrayante école de la langue, du goût, de l'éloquence, de la poésie et du jeu des passions de l'homme, seconde éducation de tous les âges. Le plaisir y sera le seul précepteur qui achevera d'enseigner à nos aimables concitoyens comment on doit parler, penser et agir dans les différentes situations où le hasard nous expose à jouer notre personnage en cette vie. Car, ainsi que l'a résumé *J. Baptiste Rousseau* dans cette épigramme très satiriquement tournée :

> Ce monde-ci n'est qu'une œuvre comique,
> Où chacun fait ses rôles différens :
> Là, sur la scène, en habit dramatique,
> Brillent prélats, ministres, conquérans.
> Pour nous, vil peuple, assis aux derniers rangs,
> Par nous d'en bas la pièce est écoutée :
> Mais nous payons, utiles spectateurs ;
> Et quand la farce est mal représentée,
> Pour notre argent nous sifflons les acteurs.

NOTES.

Dᴀɴs un Recueil de Lettres instructives et d'Observa-
tions sur l'Art du Comédien, publiées dès l'année 1775,
par *d'Hannetaire*, directeur des spectacles de Bruxelles,
on trouve la demande formelle de l'établissement de deux
théâtres :

..... « On parle beaucoup d'une autre réforme encore
» plus essentielle au progrès du Théâtre-Français, ou
» du moins très-propre à en prévenir la décadence. C'est
» la concurrence d'une seconde troupe, dont surtout les
» gens de lettres paroissent vivement désirer l'établisse-
» ment. Rien de plus efficace, en effet, rien même de
» plus nécessaire que cette concurrence pour exciter
» l'émulation et ranimer l'indolence des acteurs : aiguillon
» sans lequel, dans les arts comme dans les métiers,
» tout tombe dans la langueur et le dépérissement. Car
» enfin, de l'agréable à l'utile, à quel monopole par
» exemple, ou à quel abus ne seroient pas exposés les
» denrées publiques et même les alimens de première
» nécessité, si une seule compagnie avoit le privilége
» exclusif de les fournir (1) ? »

Entr'autres anecdotes très-piquantes, recueillies par

---

(1) « *Sans cet aiguillon, en effet, tel acteur éminent, sous le*
» *prétexte de sa santé, ne paroîtra pas douze fois par an sur la*
» *scène (principalement s'il n'a qu'un double médiocre), qu'on*
» *verra représenter trois fois par semaine, pour peu que son second*
» *ait de talent ou qu'il puisse lui porter ombrage. On en a vu ressus-*
» *citer pour ainsi dire, ou venir briller dans les meilleurs rôles, au*
» *bout de sept à huit mois de repos, sur le seul bruit et dans la*
» *seule crainte d'un débutant, auquel on supposoit quelque mérite*
» *dans le même genre.* »   (Note d'Hannetaire.)

d'Hannetaire, on rencontre celle-ci, au sujet des motifs personnels qui influent trop fréquemment sur l'acceptation des pièces, et des rôles offerts aux acteurs :

« Une actrice un peu galante s'opposoit à la réception
» d'une pièce nouvelle, par rapport à un rôle de *cour-*
» *tisanne*, dont elle répugnoit à se charger. *Croyez-moi,*
» lui dit le célèbre Granval, *ne refusez jamais de tels*
» *personnages ; ce n'est qu'à force de jouer les rôles de* FAT,
» *que je me suis corrigé de l'être.* »

Dans le même Recueil, relativement à la présomption des comédiens qui, s'aveuglant sur eux-mêmes, se croient propres à jouer tous les genres et faits pour tous les emplois, on lit ce plaisant dialogue entre un acteur et le parterre :

« Un acteur qui jouoit ainsi de tout, et jamais rien
» de bien, maltraité journellement du public, s'avisa
» un jour de le haranguer. — Je ne sais, Messieurs,
» dit-il, par où j'ai eu le malheur de vous déplaire : je
» fais tout ce que je peux, et je me prête à tout de la
» meilleure volonté du monde, sans pouvoir réussir à
» vous contenter. Je joue dans le tragique et dans le
» comique. — *Tant pis !* lui répond-on. — Je joue des
» premiers, des seconds et des troisièmes rôles. — *Tant*
» *pis !* — Après quoi, fixant le public avec un air d'atten-
» drissement : «Ingrat parterre, que t'ai-je fait ? dit-il,
» tu me forceras à m'en aller. — *Tant mieux !* — Et chaque
» raison ainsi alléguée étoit toujours ripostée d'un *Tant*
» *pis !* ou d'un *Tant mieux !* A la fin, excédé, hors de
» lui, et ne sachant plus que dire, il s'échappa jusqu'à
» envoyer tout crûment le parterre..... où l'honnêteté
» ne permet pas de penser.—*Tant mieux !* répond encore
» un autre plaisant..... Cependant l'acteur se tournant
» tout de suite, par réflexion, dit fort poliment :

» Mesdames, ce n'est pas pour vous que je parle, au
» moins ! — *Tant pis !* répond une voix flûtée qui partoit
» du fond d'une loge. Toute cette scène singulière fut
» interrompue, à chaque instant, par les risées et les
» brouhaha réitérés du public; ce qui, joint à la cons-
» tance opiniâtre de l'acteur, la fit durer près d'un quart
» d'heure. »

Les citations *d'Hannetaire* se terminent par cet extrait
des réflexions de CAILAHAVA dans son Traité sur la
Comédie :

« On croit souvent que la décadence du théâtre ne
» vient que de quelques abus qui se sont glissés dans la
» comédie; de ce que les ouvrages dans le nouveau genre
» y sont seuls en crédit, et de ce qu'enfin la cabale et la
» protection y tiennent lieu de mérite : tout cela préci-
» pite, en effet, la décadence et la chute du théâtre ;
» mais rien de tout cela n'en est la cause primitive, la
» voici. C'est le privilége accordé à une seule troupe sur
» les choses les plus libres, les plus franches, les plus
» respectées chez toutes les nations, c'est-à-dire, le
» plaisir du public, les talens et le génie.

» Une troupe munie d'un privilége exclusif peut
» malheureusement dire à la France entière : Nous ne
» voulons vous donner, dans le courant de cette année,
» qu'une ou deux nouveautés, encore serez-vous forcés
» de les prendre dans le genre qu'il nous plaira d'adopter.
» Si vous voulez rire, nous prétendons que vous pleu-
» riez ; désirez-vous pleurer, nous vous forcerons à rire.
» (*J'ajouterois que parfois ils ne vous feront ni pleurer ni*
» *rire, ils vous ennuieront.*) N'est-il pas en notre pouvoir
» de jouer ce que nous voulons, de recevoir de mau-
» vaises pièces, de condamner à l'oubli les bonnes, de
» favoriser les auteurs médiocres, de dégoûter ceux qui

» pourroient soutenir la scène ? Une troupe qui jouit
» d'un privilége exclusif peut enchaîner le génie, lui
» arracher les ailes, et lui dire : Il n'est plus question
» de prendre l'essor et de t'élever à ton gré dans les nues ;
» il faut te modeler à notre taille, à nos gestes, etc. Un
» privilége exclusif n'est pas moins préjudiciable à l'art
» du comédien qu'à celui du poëte. Supposons une
» troupe dont les acteurs soient autant de *Roscius*. Chacun
» d'eux est parfait dans son genre. Il ne le sera pas long-
» temps. Pourquoi cela ? parce que n'ayant pas de con-
» current, il se refroidira bientôt ; son ambition sera
» d'avoir un double, afin de se faire désirer, et de
» l'avoir mauvais pour mieux ressortir. Il trouvera le
» secret d'écraser tout débutant qui pourroit l'alarmer,
» et de soutenir tout pygmée qui servira à le faire pa-
» roître plus grand. Qu'arrive-t-il ? le pygmée reste,
» accoutume peu à peu le public à ses défauts, agence
» quelques rôles à sa taille, à sa voix, à sa poi-
» trine, à son tempérament, à ses petites manières,
» devient acteur en chef, rend à ceux qui veulent le
» doubler ce qu'on lui a fait à son début : ses successeurs
» l'imitent ; leurs doubles essuient les mêmes traitemens
» et les rendent. De cette façon, une troupe excellente
» ne peut que devenir mauvaise ; et le public, qui perd
» tout objet de comparaison, est complice sans s'en
» apercevoir. Le moyen le plus facile, le plus prompt,
» et même le seul propre à rétablir la gloire du théâtre,
» seroit donc de permettre, à une seconde Troupe
» Française, de s'établir dans la capitale, etc.

» Plusieurs partisans des priviléges exclusifs pourront
» s'écrier qu'il faut protéger le théâtre de la nation, lui
» conserver ses droits, le faire jouir d'une magnifi-
» cence, d'une supériorité, d'une pompe imposante.
» Mais qu'entendent-ils par le théâtre de la nation ?

» Parlent – ils de vingt comédiens qui , malgré leurs
» talens, se succèdent et se font oublier mutuellement,
» ou bien *le Tartufe*, *Cinna*, *Phèdre*, *Mahomet*, *la Métro-*
» *manie*, etc.? Tous ces ouvrages immortels, tous ces
» monumens éternels du génie français , quoique joués
» par différentes troupes, ne composent-ils pas bien
» plus essentiellement le vrai théâtre de la nation, même
» lorsqu'ils sont représentés dans les pays les plus loin-
» tains?

» Mais, ajoutera-t-on, si vous admettez deux troupes,
» celle que nous avons gagnera moins. C'est encore une
» erreur. A Paris , une seconde troupe française ne
» sauroit faire aucun tort aux comédiens ; au contraire ,
» tirez-les de leur léthargie , piquez leur émulation ,
» vous verrez leur réputation et leur fortune s'accroître.
» Le peuple français prodigue l'or et les applaudis-
» semens à qui sait lui procurer des plaisirs variés:
» témoin l'empressement avec lequel , las de voir tou-
» jours les mêmes pièces et les mêmes acteurs sur nos
» grands théâtres, il court entendre criailler à *l'Ambigu-*
» *Comique*, et voir les sauts périlleux chez *Nicolet*. Sachez
» l'amuser , il vous donnera la préférence , et le goût
» triomphera sans peine de la futilité la plus déshono-
» rante pour la nation.

» Enfin, s'il est vrai qu'un empire soit plus ou moins
» illustre, à mesure qu'il produit plus ou moins d'hommes
» de génie, d'hommes immortels, pourquoi ne pas
» admettre le seul moyen qui peut nous rapprocher de
» ces temps fameux où les *Corneille*, les *Molière*, les
» *Racine*, s'immortalisoient chacun sur un théâtre dif-
» férent? Quelle perte pour la gloire du Théâtre Fran-
» çais , si ce siècle n'eût eu qu'une seule troupe ! l'un
» de ces génies que nous venons de nommer l'auroit
» occupée, les autres se seroient découragés, et la

» France eût perdu ces chefs-d'œuvre qui lui feront à
» jamais le plus grand honneur.

» Qui nous assurera même que les *Scudéri*, les *Mont-*
» *fleuri*, les *Scarron*, les *Desmaréts*, les *Boursault*, et
» peut-être les *Pradon*, déjà possesseurs d'un théâtre
» unique, n'en auroient pas interdit l'entrée aux trois
» grands hommes qui les ont si bien écrasés ?

» Admettons deux troupes..... Les bons sujets qui
» débuterout à un théâtre ne seront plus rebutés, de
» crainte que l'autre ne s'en empare bien vite. Les
» acteurs qui voudront être lestes sur le cothurue,
» lourds sur le brodequin, et sortir de la nature, seront
» sifflés, parce que leurs rivaux feront leur critique en
» conservant les nuances convenables à chaque genre.
» Le spectateur aura un objet de comparaison pour
» juger sainement; et les comédiens qui méritent la
» palme, ne se la verront plus disputer par des écoliers
» fiers de remuer les bras, les jambes et la tête comme
» leur maître. »

FIN.

9 782329 752341